JN002317

パッと見！

家族を守るための準備と
生存率を上げる豆知識！

防災ブック

防災スペシャリスト／元消防隊員
野村功次郎 著

大泉書店

はじめに

私は消防士・レスキュー隊員・救急隊員として勤務した23年の間、さまざまな災害の現場を目の当たりにしてきました。阪神・淡路大震災（1995年）、新潟中越地震（2004年）、東日本大震災（2011年）にも駆けつけ、災害現場では救うことができた命もあれば、残念ながら救えなかった命もありました。

そうした経験を積み重ねるうちに、「自分にしかできない災害救助」「日ごろからの防災がいかに大切か」という想いが募り、退職した後は日本でただ1人の「防災家」として、全国各地で防災指導、講演会等で活動させていただいております。

日本テレビ系列『世界一受けたい授業』に防災スペシャリストとして出演させていただき、『THE突破ファイル』をスーパーバイザーとして監修させていただいた際には大きな反響もいただき、日々、被災地での救助活動にも取り組んでいます。

今でも忘れられない災害現場があります。それは1999年6月29日のことです。広島県呉市消防局に勤務していた私は、県内の豪雨災害の現場にいました。消防への通報があり、「90歳のおばあさんがまだ家の中にいるはずだ」と聞いて駆けつけたものの、見えるのは大量の土砂が家屋を押しつぶした光景。とても人がいるとは……とその場にいた誰もが思ったとき、かすかに音が聞こえてきました。

いつ崩れるかわからない家屋内に、わずかな侵入口を見つけて入って行くと、生存女性を発見しました。胸から下は家具や土砂・がれきで埋《う》まっており、大腿部は骨折。そんな状況にありながら、手の届く範囲に散乱していた茶碗の破片を打ち鳴らし、自分が家の中にいることを知らせてくれていたのです。

発見当初は意識もあり会話もできましたが、90歳という高齢なので、一刻も早い救出が必要です。しかし、土砂・がれきや家具の撤去は慎重を要する作業で時間がかかります。さらに、漏電・ガス漏えいで高度救助用資機材は何ひとつ使用不可能でした。また、助け出して圧迫から解放された瞬間、ショックや腎不全を引き起こすクラッシュシンドロームを発症するリスクも考えなければいけません。土砂・がれきが崩れたら自分も死ぬかもしれないという恐怖の中、同行していた医師は酸素吸入や輸液などの治療を行い、私は女性をはげましながら、ほかの隊員とともにすべてを手作業という過酷な救出作業を続けました。そして6時間後、ついに女性の救出に成功したのです。

2か月後、女性はまだ車椅子に乗った状態ではありましたが、消防署に元気な姿を見せてくれたとき、自然と涙が出てきたのを今でも覚えております。

私が防災家として皆さんにお伝えしたいのは、机上の空論ではない**「実際に使える防災テクニック」**であり、いざというときに、**自分で判断して正しい行動をとれる**ようにすることです。本書では、地震、火災、風水害への対応マニュアルから、避難生活で役立つアイデア、さらには救助活動の基本を紹介しています。

何をそなえ、どう行動するかで、あなたの生存率は劇的に変わります。大災害が起きたときに、自分と愛する人たちを守れるかどうかは、ほかでもないあなたにかかっているのです。日本に1人でも多くの「防災備人」が誕生することを切に願っております。

2021年2月　　野村功次郎

自宅での地震対策［間違い探し］問題

1 緊急地震速報の警戒音が聞こえた！

　緊急地震速報が流れたら、大きなゆれにそなえて、まずはテーブルの下などに隠れ、頭と体を守ることを何よりも優先する。

2 料理の最中に地震が起きた！

　家電が倒れたり、包丁や食器の破片でけがをしたりするおそれがあるのでキッチンは危険。その場からすぐに逃げる。

次の4つは自宅での地震対策を紹介しています。
それぞれ、どこが間違っているのでしょうか?

3
トイレにいるときに地震が起きた!

トイレは落下物も少なく、狭い空間のわりにまわりを壁で囲まれているから安全。ゆれがおさまるまでトイレで待つ。

4
非常用持ち出し袋は玄関に配置する

何かあったらすぐ避難できるよう、非常用持ち出し袋は玄関にいつも置いておく。これで地震へのそなえは完璧。

自宅での地震対策［間違い探し］解答

①

すぐに玄関へ行き出口を確保する

地震のゆれで玄関や窓がゆがむと、ドアが開かなくなって外に逃げられないおそれがあります。緊急地震速報の警戒音が聞こえたら、まずはあわてずに玄関へ行き、ドアを開けて出口を確保するのが基本です。

➡ 18ページをチェック!

②

地震で怖いのが火事。火はすぐに止める

自動消火機能のないガスコンロの火を止めずに避難したら、火事になるおそれがあります。地震に気づいたらまずはコンロの火を止めて、それからリビングや玄関など、比較的安全な場所に移動しましょう。

➡ 21ページをチェック!

①〜④の対策は、状況によってはいずれも正しいとはいえません。その理由をしっかりチェックしましょう。

③

「トイレは安全」はウソ。閉じ込められる可能性大

落下物が少なく、三方を壁で囲まれたトイレは倒壊のおそれは少なめですが、ドアが開かず閉じ込められるおそれがあります。すぐにドアを開けて出口を確保しましょう。

➡ 23ページをチェック!

④

玄関だけでなく車やベランダにも配置を

地震が起きたとき、自宅にいるとは限りません。自宅に戻っても中に入れず、非常用持ち出し袋を運び出せない可能性があります。非常用持ち出し袋は、車の中やベランダ、ほかの部屋など複数に配置しましょう。

➡ 54ページをチェック!

自宅外での地震対策［間違い探し］問題

5 オフィスで地震が起きた！

近くにデスクがない、またはデスクの下に身を隠すスペースがない場合は、とにかくその場でゆれがおさまるのを待つ。

6 駅のホームで地震が起きた！

改札や階段などが混雑して、避難に時間がかかるかもしれない。混雑に巻き込まれないよう、とにかく出口を目指して足早に逃げる。

オフィスや外出先での地震対策の例を紹介しています。
それぞれ、どこが間違っているのでしょうか?

7 海辺にいるとき地震が起きた!

　地震の後には津波がくるかもしれない。津波に巻き込まれないよう、とにかく海からできるだけ遠くへ逃げる。

8 幼児と外出中に地震が起きた!

　子ども用の荷物が多くて、荷物と子どもを抱えて避難するのは大変！　子どもはベビーカーに乗せたまま避難する。

自宅外での地震対策［間違い探し］解答

⑤ オフィス機器や窓から離れる

職場で地震が起きると、コピー機のようなオフィス機器がぶつかってけがをするおそれがあります。オフィス機器のほか、書類を収納したキャビネットや窓からはできるだけ離れて身を守りましょう。

➡ 26ページをチェック!

⑥ あわてずに落ち着いて行動を

大勢の人がいる駅で地震が起きたときは、階段や改札にあわてて向かうのは絶対にやめましょう。将棋《しょうぎ》倒しなどが起こり、けがをするリスクがあります。駅員の指示にしたがって落ち着いて避難してください。

➡ 30ページをチェック!

⑤〜⑧の対策は、状況によってはいずれも正しいとはいえません。その理由をしっかりチェックしましょう。

⑦ 「遠く」ではなく「高い」ところへ

地震で怖いのが津波です。海にいるときに地震が起きたら、できるだけ「遠く」に逃げるのではなく、できるだけ「高い」ところへ逃げるのが正解。近くの丘やビルなどを目指してください。

➡ 36ページをチェック!

⑧ 抱っこ・おんぶで避難しよう

幼児と一緒にいるときに地震が起きたら、幼児の頭を守るように抱き寄せましょう。その後は抱っこ、またはおんぶして避難を。ベビーカーに乗せたまま避難すると、とっさのときに守るのが遅れます。

➡ 37ページをチェック!

CONTENTS

はじめに……002
自宅での地震対策［間違い探し］問題……004
自宅での地震対策［間違い探し］解答……006
自宅外での地震対策［間違い探し］問題……008
自宅外での地震対策［間違い探し］解答……010

大地震にそなえる

自宅で緊急地震速報の警戒音が聞こえたら……018
ゆれを感じたら、まず頭と首を守る！……020
料理をしているときに地震が起きたら……021
入浴しているときに地震が起きたら……022
トイレにいるときに地震が起きたら……023
眠っているときに地震が起きたら……024
スーパーやコンビニで地震にあったら……025
オフィスにいるときに地震が起きたら……026
電車に乗っているときに地震が起きたら……028
駅のホームで地震が起きたら……030
地下街にいるときに地震が起きたら……031
オフィス街や住宅街で地震が起きたら……032
エレベーターで地震が起きたら……033
エスカレーターで地震が起きたら……034
映画館や劇場で地震が起きたら……035
海辺や川の近くにいるときに地震が起きたら……036
子どもといるときに地震が起きたら……037
車の運転中に地震が起きたら……038
津波は「引き波」や第２波にも注意……040
蹴破り戸の破り方……041

- ! 断線した電線を見つけたら …… 042
- ! 家具などの下敷きになったら …… 043
- ! 地震が起きたとき絶対にやってはいけない行動 …… 044
- ! 自分がいる場所をすばやく知らせる方法 …… 046
- ! 災害時に家族と連絡をとる方法 …… 047
- ! 災害伝言ダイヤルの使い方 …… 048
- ! 地震後に液状化現象が起きたら …… 049
- ! 備蓄品を用意して自宅避難にそなえる …… 050
- ! 非常用持ち出し袋を用意する …… 052
- ! 非常用持ち出し袋は分散して配置する …… 054
- ! お風呂の水をためる際の注意 …… 055
- ! 浴室やトイレの外にものを置かない …… 056
- ! 崩れにくいお皿のしまい方 …… 057
- ! 家具はしっかりと固定しておく …… 058
- ! 日ごろから非常口を確認する習慣をつける …… 060
- ! ハザードマップを頼りすぎない …… 061
- ! 子どもの目線で確認してみよう …… 062
- ! 災害時に利用できる施設や設備をチェック …… 063
- ! 近所づき合いは最強の防災術 …… 064

火災にそなえる

自宅にいるときに火事が起きたら …… 066
職場にいるときに火事が起きたら …… 068
身近にあるもので2階から脱出する方法 …… 070
非常口の場所がわからなかったら …… 072
煙が充まんして視界が悪くなったら …… 073
煙が充まんしている中を避難するときは …… 074
消火器の使い方 …… 076
屋内消火栓の使い方 …… 078
着ている服に火がついたら …… 080

水害、強風、落雷などにそなえる

外を歩いているときに道路が冠水したら …… 082
地下にいるときに大雨が降ったら …… 083
川で遊んでいるときに水かさが増したら …… 084
川で流されたら …… 085
車を運転中に道路が冠水したら …… 086
車が水没してドアが開かないときは …… 087
土のうがないときのわが家の守り方 …… 088
水害時の避難のタイミング …… 089
水害時の避難のポイント① …… 090
水害時の避難のポイント② …… 091
ごみ袋でレインコートを作る …… 092
ペットボトルでライフジャケットを作る …… 094
水害の後は感染症と塩害に注意 …… 096
雪崩が起きたら …… 098
大雪で車が立ち往生し車内ですごすときは …… 099
外出中に落雷が起きたら …… 100
竜巻が起きたら …… 101
噴火が起きたら …… 102

避難生活にそなえる

- マスクがないときは……104
- 自己防衛キットを持ち歩こう……106
- 水を運ぶバケツがなかったら……107
- 非常用の簡易トイレがないときは……108
- 避難所で周囲の音が気になって眠れないときは……110
- スプーンがないときは……111
- 十分な寝具がなく寒くて眠れないときは……112
- 必要な大きさの乾電池がなかったら……113
- 停電であかりがほしいときは……114
- 寒さをすばやく解消する方法……116
- 洗濯物を早く乾かしたいときは……118
- ジッパーつき保存袋を圧縮袋として使う……119
- 段ボール箱でイスやトイレを作る……120
- 段ボールで簡易スリッパを作る……122
- ベビーチェアがないときは……123
- 抱っこひもがないときは……124
- 子どもやお年寄りのおむつが足りなくなったら……126
- 子どものためのレクリエーション……127
- 断水中にシャワーを使いたいときは……128
- 髪を洗えないときは……129
- 毛布やタオルを一瞬でたたむ方法……130
- 性暴力から身を守るために……131
- 生理用品がないときは……132

もしものときの救命にそなえる

!おぼれている人を見つけたら……134
!倒れている人を見つけたら①……136
!倒れている人を見つけたら②……138
!止血の仕方……140
!切り傷の応急手当……141
!やけどの応急手当……142
!下敷きになっている人を見つけたら……143
!1人でできるけが人の搬送方法……144
!2人で行うけが人の搬送方法……145
!2人以上で行うけが人の搬送方法……146
!はがれにくいばんそうこうの貼り方……148
!レジ袋を使った骨折の応急手当……149
!Tシャツを使った骨折の応急手当……150
!骨折部分を固定するそえ木がなかったら……151
!包帯がなかったら……152
!熱中症の応急手当……153
!効果的なSOSの仕方……154
!携帯端末で救助要請《iPhoneの場合》……156
!携帯端末で救助要請《Androidの場合》……157

防災家・プロの装備……158

パッと見!

防災ブック

大地震にそなえる

自宅で緊急地震速報の警戒音が聞こえたら

出口を確保する

　地震で建物の構造がゆがむと、外へ逃げられなくなる可能性があります。**まずはあわてず玄関に向かい、ドアに靴などをはさんで半開きにして出口を確保**。中腰になってゆれにそなえましょう。柱と壁に囲まれ、なおかつ、重量のある落下物が少ない玄関は、比較的安全といえます。

注意

**　古い建物の1階は倒壊のおそれがあります。耐震基準を満たしていない建物にいる場合は、状況を見て脱出すべきかどうか判断してください。**

ガスの元栓を閉める

警戒音がやんでゆれがおさまり、余震のおそれがないようだったら、火災を防ぐためにガスの元《もと》栓《せん》を閉めます。水もれのおそれもあるので、できれば水道の元栓も閉めましょう。

ブレーカーを切る

漏電《ろうでん》や通電《つうでん》火災などを防ぐため、ブレーカーの主電源を切ります。テレビは見られなくなりますが、ラジオや携帯電話などで地震情報を確認し、必要に応じて避難しましょう。

ゆれを感じたら、まず頭と首を守る!

後頭部から首の後ろを守ろう

後頭部から首の後ろにかけての部分に**落下物や窓ガラスが直撃すると、命を落とすおそれがあります**。ゆれを感じたら真っ先に守りましょう。家の中にいたらテーブルなどの下に隠れるか、クッションやタオルで後頭部から首の後ろをおおいます。外出先ならバッグやランドセルで後頭部から首の後ろをカバーします。

注意

頭頂部だけを守る人が多いのですが、後頭部や首、頸《けい》椎《つい》をけがすると後遺症がでる場合があるため要注意！

料理をしているときに地震が起きたら

すぐにガスコンロの火を止める

まずは、ガスコンロの火を止めます。そして、**リビングや玄関など比較的安全な場所に移動して**、後頭部から首の後ろを守りましょう。家を出て避難する際は、使用中の炊飯《すいはん》器《き》や電子レンジなどの電源もオフにします。

注意

キッチンには割れやすいものや重い家電製品、包丁などがあり、とても危険です。また、炒めものや揚げものをしている場合は、高温の油がゆれで飛び散る可能性があります。やけどに注意して火を止め、できるだけキッチンから離れましょう。

入浴しているときに地震が起きたら

浴室のドアを開けて出口を確保

すぐに**浴室のドアを開け、閉じ込められないようにしてください**。洗面器や浴そうのふたがあれば、後頭部から首の後ろを守ります。ゆれがおさまったら玄関へ移動しドアを軽く開け、出口を確保しましょう。その後、すばやく服を着て、あわてずに避難の準備をします。

NOMURA'S ADVICE

お風呂に入るときは保存バッグなどに入れて防水対策をした携帯電話を持ち込むようにすると、万が一浴室に閉じ込められたときも、外部に助けを求めることができます。

トイレにいるときに地震が起きたら

閉じ込められないようドアを開く

すぐに**トイレのドアを開け、閉じ込められないようにしてください**。用を足し終えたらすばやくリビングや玄関など比較的安全な場所に移動し、後頭部から首の後ろを守りましょう。玄関に移動できるようなら、玄関ドアを軽く開け、外への出口を確保します。

注意

「三方を壁に囲まれたトイレは地震が起きても安全」と思いがちですが、閉じ込められるリスクが高いので、トイレに逃げ込むのはおすすめできません。

眠っているときに地震が起きたら

頭を守って出口を確保する

ふとんや枕などで、後頭部から首の後ろを守りましょう。**ゆれがおさまったら、まず寝室のドアを開けて閉じ込められないようにし**、さらに玄関の出口を確保します。安全に避難しやすいよう、枕元には手袋（すべり止めがついた軍手）、スニーカー、懐中電灯を用意しておくと安心です。

注意 たんすや本棚など、大型の家具は寝室には置かないのが防災の基本です。倒れた家具の下敷きになったり、脱出できないリスクがあります。

スーパーやコンビニで地震にあったら

買いものかごやバッグで頭を守る

まずは、買いものかごやバッグで後頭部から首の後ろを守ります。缶詰やビン類など重い食品を陳列している場所やガラス窓に近いところにいると、**商品やガラスの破片でけがをするおそれがあるので、できるだけ離れましょう**。その後は、店員の指示にしたがい避難します。

オフィスにいるときに地震が起きたら

デスクの下にもぐる

デスクの下にもぐるか、バッグや書類、スーツの上着などで後頭部から首の後ろを守り、その場にしゃがみます。書類をしまっている**キャビネットやコピー機、パソコンなどのオフィス機器、窓ぎわからはできるだけ離れましょう**。下敷きになったり、オフィス機器やガラスの破片などがぶつかってけがをしたりするおそれがあります。

NOMURA'S ADVICE

廊下では壁に寄り、階段では手すりをつかみ、その場にしゃがんでゆれがおさまるのを待ちます。

階段で建物の外へ避難する

ゆれがおさまったら、まずは来客や従業員の安全を確認しましょう。その後、バッグや上着で後頭部から首の後ろを守りながら冷静に避難します。エレベーターは閉じ込められるおそれがあるので使用せず、階段で建物の外へ移動しましょう。

注意

倒壊のおそれがある古い建物や、火災が発生した場合は、ゆれがおさまるのを待たず、落下物などに気をつけながらあわてずに外へ脱出してください。

電車に乗っているときに地震が起きたら

手すりをつかんで衝撃にそなえる

近くにある手すりやつり革をしっかりとつかみ、電車が急停止した際の衝撃にそなえます。可能なら、バッグや上着で後頭部から首の後ろをできるだけ守りましょう。電車が停止したら、乗務員や駅員の指示にしたがい落ち着いて避難します。

注意

電車のドアを無理やり開けて、線路上に避難するのは絶対にやめましょう。対向の電車や後続の電車も止まっているとは限らないので、思わぬ事故が起きる可能性があります。

電車に乗るときのポイント

震災で怖いのが電車の脱線です。脱線すると、壁や対向の電車と衝突する可能性があります。一般的には**前方の車両のほうが危険性が高いため、中央よりも後ろの車両に乗車したほうが安全といえます**。また、車両の構造上、車輪の上付近は強度がより高いため、生存確率が上がる可能性があります。

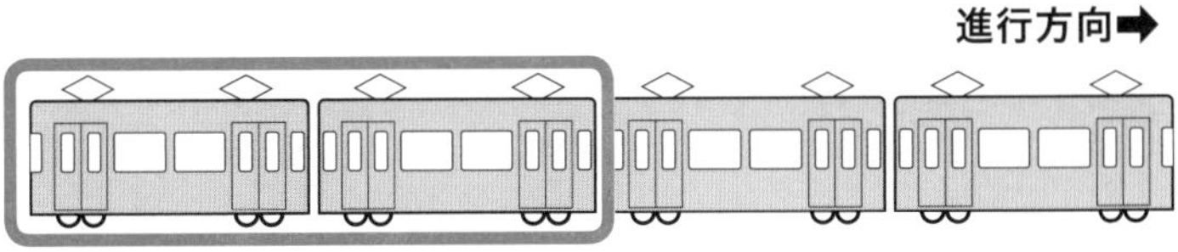

中央よりも後ろの車両に乗車

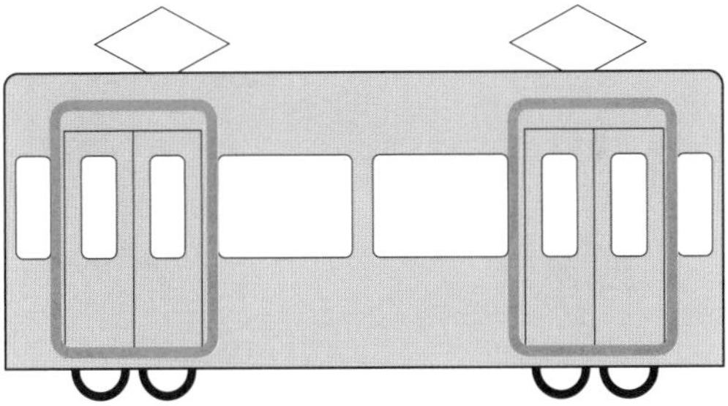

車輪の上付近に乗車

注意　脱線事故では先頭車両に近いほど危険といわれています。また、連結部分はゆれやすいので注意しましょう。

駅のホームで地震が起きたら

ホームのはしから離れる

ゆれでバランスを崩したり、人に押されたりして線路上に落ちると危険です。まずはホームのはしから離れ、**看板《かんばん》や照明、自動販売機などの落下や転倒のおそれがない場所に移動しましょう**。あわせて、バッグや上着などで後頭部から首の後ろを守ります。地下鉄のホームも同様です。

注意

パニックになり階段や出入口に殺到すると、転倒したり押しつぶされる危険があります。駅員の指示にしたがって冷静に行動しましょう。

地下街にいるときに地震が起きたら

頭を守って冷静に行動を

ゆれを感じたら、壁側に寄ってしゃがみましょう。バッグや上着などを持っていたら、後頭部から首の後ろを守ります。ゆれがおさまったら、出口に向かって落ち着いて移動してください。**地下街は60m間隔で非常口が設けられており**、消防法によりスプリンクラーと非常灯も設置されているので、パニックにならないようにしましょう。

オフィス街や住宅街で地震が起きたら

道のはしから離れ、広い場所へ

道のはしにいると、看板やガラス窓の破片が落ちてきてけがをしたり、ブロック塀などが倒れてきて下敷きになったりする可能性があります。バッグや上着などで後頭部から首の後ろを守り、道のはしから離れて、できるだけ広い場所でゆれがおさまるのを待ちましょう。

エレベーターで地震が起きたら

すべての階のボタンを押す

ゆれを感じたら、すべての階のボタンを押します。エレベーターが止まってドアが開いたら降り、すみやかに避難しましょう。**閉じ込められたら、インターホンや非常ボタンを押して管理センターへ通報します**。管理センターが応答しない場合は、携帯電話で消防や警察に、消防や警察にもつながらない場合は知人や家族などに閉じ込められていることを伝え、救助の手配を頼みます。

注意

エレベーターの扉を無理やり開けると落下の危険があります。また、映画などでよく見られる天井からの脱出は不可能ですし、危険なのでやめましょう。

エスカレーターで地震が起きたら

手すりをつかんでしゃがむ

エスカレーターが急停止し、乗客が将棋倒しになる危険があります。手すりをしっかりとつかんでしゃがみ、衝撃にそなえましょう。ゆれがおさまったら、安全を確認して移動し、落下物がない場所や屋外に避難します。

注意

エスカレーターが動いているからといって、避難する際にエスカレーターを使うと、突然止まってしまう可能性があるので、絶対にやめましょう。

映画館や劇場で地震が起きたら

しゃがんで頭を守る

イスがはね上げ式であれば、はね上げた座面に背を向け、バッグなどで頭と首の後ろを守ってしゃがみます。はね上げ式でなければ通路で同様に守ります。ゆれがおさまったら、**出口に殺到しないよう係員の指示にしたがって冷静に避難してください**。

注意

大勢の人がいる会場や駅では、狭い出口に殺到することは禁物です。押しつぶされる危険があるので、あわてず冷静に避難しましょう。

海辺や川の近くにいるときに地震が起きたら

遠くよりも高いところに逃げる

地震の後には津波がくる可能性があります。すぐに**海辺や川から離れましょう。このとき、高いところに逃げることが大切です**。近くの小高い丘やビルの屋上、津波避難場所に向かって避難してください。湖などにいるときも同様です。

！子どもといるときに地震が起きたら

子どもの頭を守って抱き寄せる

子どもが不安になったり、パニックになったりしないよう、**子どもの頭を守るように抱き寄せて、ゆれがおさまるのを待ちましょう**。ゆれがおさまったら、携帯電話などで情報を収集し、必要に応じて公園など広い場所に一時避難します。

注意！

幼児をベビーカーに乗せたまま避難すると、とっさのときに守るのが遅れます。幼児はおんぶ、または抱っこして、運ぶ荷物は最小限にして避難しましょう。

車の運転中に地震が起きたら

道路のはしに寄せ停車する

前後左右をよく確認してからハザードランプを点灯してスピードをゆるめ、道路のはしに寄せ停車します。走行中でゆれが強いと感じた場合は、ハンドルを9時15分の位置で握り、親指のつけ根でハンドルを前方に押すようにするとハンドルを取られにくくなります。

注意

歩道がない道路では、車道外側の白線を超えて車を停めると、歩行者の避難のさまたげになります。白線ぎりぎりに寄せましょう。

車検証と貴重品を持って避難

　停車したら、ラジオや携帯電話などで情報収集しましょう。**車での移動が危険だと判断したらエンジンを切り、名前と連絡先、避難先を書いた紙をダッシュボードに置きます**。そして、キーはさしたまま、車検証と貴重品を持って避難します。スマートキーの場合は、車内のわかりやすい場所に置きます。

NOMURA'S ADVICE

　車検証を持って行くのは、盗難防止やその後の所有者確認をスムーズにするためです。車内に歩きやすいスニーカーを常備しておくと、避難する際に役立ちます。

津波は「引き波」や第2波にも注意

津波警報解除まで避難を

津波には沖から陸に向かう「押し波」と、押し寄せた波が海に向かって戻る「引き波」があります。引き波は押し波と同じくらい、あるいはそれ以上の破壊力があります。また、**津波は第1波よりも第2波、第3波のほうが大きいこともある**ので、津波警報が解除されるまでは、海に近づいたり、自宅に戻ったりするのはやめましょう。

蹴破り戸の破り方

柵をつかんで足の裏で蹴る

玄関から出られなくなったときは、ベランダから脱出しましょう。隣室のベランダとの間にある**「蹴《け》破《やぶ》り戸《ど》（隔《へだ》て板《いた》）」は、ベランダの柵を手でしっかりつかみ、板の中央付近を足の裏で思い切り蹴ると破れます**。その後、避難用のはしごを収納した「避難ハッチ」を使って下の階へ逃げます。

NOMURA'S ADVICE

蹴破り戸を破る際にけがをしないよう、服装は長ズボン、スニーカーがおすすめです。

断線した電線を見つけたら

絶対に近寄らない、さわらない！

地震が発生すると、電柱が倒れたり、電線が断線したりする場合があります。感電するおそれがあるので、切れた電線には絶対に近寄らないようにしましょう。**電線に木や看板、アンテナなどがふれている場合も危険です**。見つけたら、電力会社に連絡しましょう。

！家具などの下敷きになったら

金属片などをたたいて音を鳴らす

地震で家具などの下敷きになり、自力で脱出できない場合は、周囲の人に助けを求めましょう。声が届く範囲に人がいる場合は大声を出して知らせますが、**やみくもに声を出し続けると体力を消耗してしまうおそれがあります**。手が届く範囲に金属片や陶器の破片などがあればたたいて音を鳴らし、救助を待ちます。

地震が起きたとき絶対にやってはいけない行動

✕ 帰宅後すぐに電気をつける

地震発生後、外出先あるいは避難所から自宅に戻ったら、すぐに電気をつけるのは絶対にやめましょう。**室内にガスが充まんしていたら、電気をつけた瞬間に爆発したり火災が起きたりするおそれがあります**。窓を開けて換気をし、コードなどが断線していないか確認してから電気をつけましょう。換気扇をまわすのもNGです。また、電気のスイッチ類にさわるときは、感電のおそれがないか、手の甲で軽くさわって確認してからにします。

✕ 停電時にすぐに火を使う

停電したからといって、すぐに火を使うのも危険です。気がつかないうちに**もれていたガスに引火して、火災になるリスクがあります**。窓を開けて換気をしてから火をつけるようにしましょう。

× すぐにトイレの水を流す

震災発生直後にトイレの水を流すのはやめましょう。地震により**家屋や地面の下の排水管が損傷している可能性があり**、知らずに流してしまうと、逆流したり下の階で水もれしたりするおそれがあります。

× 家の中をすぐに片づける

震災でめちゃくちゃになった家を片づけたり補修したりする前に、被害状況や建物の損傷具合を証拠として細かく撮影しておきましょう。自治体から**罹災《りさい》証明書を発行してもらったり、保険金の請求をしたりする**際に役立ちます。

自分がいる場所を すばやく知らせる方法

アプリの位置情報機能を利用する

自分が今いる場所を家族にすばやく知らせたいときは、電波状態を確認し、LINE《ライン》等の位置情報機能を使うと便利です。**言葉で説明するよりも、居場所を正確に伝えられます**。

使い方

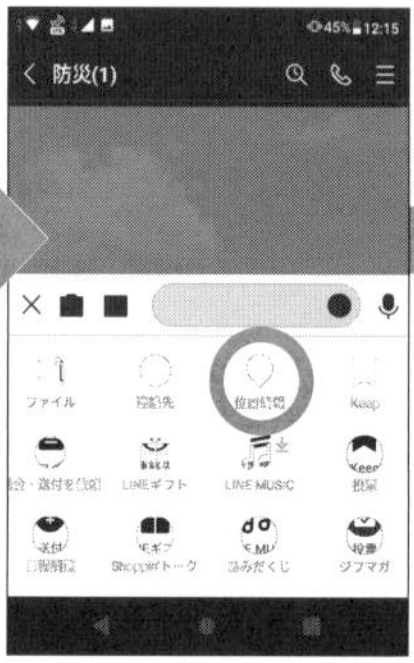

1 トーク画面のメッセージ入力窓の左横にある**＋**ボタンをタップします。

2 メニューから**位置情報**を選びます。

3 Googleマップが表示され、自分が今いる位置にピンが立ちます。「**この位置を送信**」をタップします。

災害時に家族と連絡をとる方法

被災地外の人を中継点にする

災害時は、電話回線の混雑などで電話がつながりにくいことがあります。とくに同じ被災地域にいる人同士では、連絡がとりにくくなります。そこでおすすめしたいのが「三角連絡法」です。**離れた場所に住む家族や親戚の家を連絡先に決め、そこを中継点にして連絡をとる方法です**。もしものときにそなえて中継点をあらかじめ決めておき、家族と共有しておきましょう。

災害伝言ダイヤルの使い方

「171」にダイヤルする

災害時に家族や親戚、知人と連絡をとりたいときは、**電話会社が提供する「災害伝言サービス」を使う方法もあります**。使い方を覚えておきましょう。

使い方

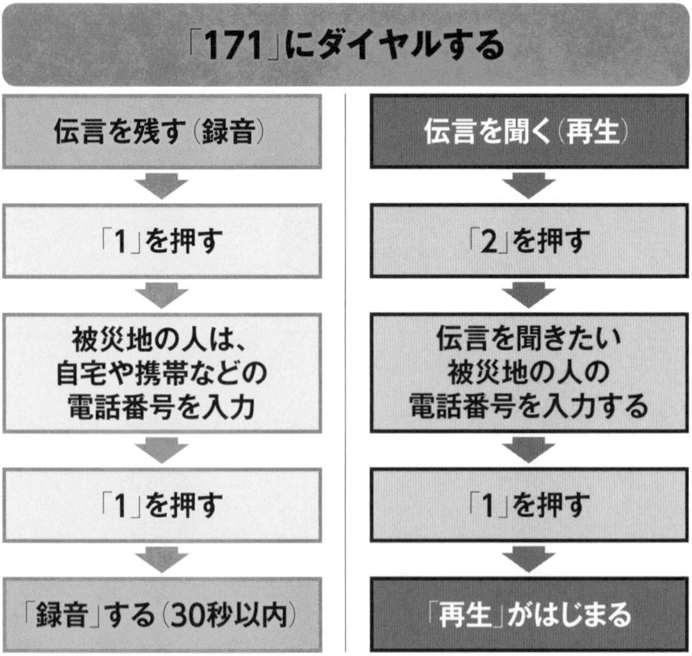

地震後に液状化現象が起きたら

川や埋め立て地に近づかない

大地震が起きた後は、地盤が地震のゆれで液体状になる「液状化現象」が起きることがあります。液状化現象が起きると、**建物や道路が傾いたり、沈んだりするほか、地下水が噴き出したり、ライフラインが止まることもあります**。川の近くや埋め立て地は液状化現象が起きる可能性がとくに高いので、地震後はむやみに近づかないようにしましょう。

備蓄品を用意して自宅避難にそなえる

備蓄品リスト

災害の状況によっては、避難所に行くよりも自宅で待機する「自宅避難」のほうが安全な場合もあります。その場合、下記の例を参考に各家庭に合った備蓄品を常備しておくようにしましょう。**量は1週間分が目安です。**

●4人家族（夫婦2人、乳幼児1人、高齢者1人）の例

	品名	量
食　品	**水**（飲料水、調理用など） ※おなかをこわしにくい軟水がおすすめ	2ℓ× 28本以上 ※1人あたり1日2ℓを消費する想定
	主食（ごはん、レトルトごはん、麺など）	無洗米 5kg レトルトごはん 6個 乾麺 1パック 即席麺 3個
	主菜（さばの味噌煮、野菜などの缶詰）	各6缶
	缶詰（果物、小豆など）	1缶
	野菜ジュース	9本
	そのほかの飲料	500mℓ × 6本
	加熱せず食べられるもの （かまぼこ、チーズなど）	各1パック
	菓子類 （チョコレート、キャラメル、あめなど）	3個
	栄養補助食品	3箱
	調味料（醤油、塩など）	各一式
生活用品	**ごみ袋、大型ポリ袋**	各30枚
	ポリ袋、レジ袋（小、中、大）	各10枚
	食品用ラップ	1本
	ティッシュペーパー	5パック入り × 5個
	トイレットペーパー	12ロール

	使い捨てカイロ	10個
	着火用具	1個
	携帯電話のポータブルバッテリー ※ソーラー発電機能つき	携帯電話の台数分
	手まわし充電式などのラジオ	1個
	懐中電灯	2個
	乾電池(単4、単3が主流)	各1パック
	カセットコンロ	1台
	カセットボンベ	3本以上
	ヘルメット	4個
	ヘッドランプ	4個
	新聞紙	3日分
	防寒着	1人1着以上
	発電機　※高価だがあれば便利	1台
衛生用品	生理用品	約30個
	ドライシャンプー	1本
	タオル類	10枚
	歯磨きシート	約90枚
	非常用簡易トイレ	約30回分
	持病の薬・常備薬	1週間分
	マスク ※大人が1人1日最低1枚消費する想定	30枚
	救急箱 ※消毒液、ばんそうこう、体温計、ガーゼ、包帯などをコンパクトにまとめておく	1セット
	除菌スプレー	携帯型100mℓ× 1本
	ラテックス手袋	1箱(100枚入り)
	使い捨てコンタクトレンズ ※必要であれば	1週間分
乳幼児のための備蓄品	スティックタイプの粉ミルク (アレルギー対応)	約20本
	離乳食(アレルギー対応)	1週間分以上
	おしりふき ※ノンアルコールタイプ	1パック
	おむつ	約70枚
高齢者のための備蓄品	高齢者用食品 (おかゆなどのやわらかい食品)	1週間分以上
	常備薬	1週間分
	補聴器用電池	6個
	入れ歯用洗浄剤	約30錠

非常用持ち出し袋を用意する

非常用持ち出し袋リスト

非常用持ち出し袋には、避難中に必要となる最小限のアイテムを入れておきます。下記の例を参考に各家庭に合うものを選びましょう。**袋は両手を使えるリュックがおすすめです。**

●非常用持ち出し袋の中身の例

アイテム	✓
ポリ袋	
トイレットペーパー	
布テープ	
油性ペン	
ノート	
非常用簡易トイレ	
衣類(冬場はとくに防寒着)	
下着	
ストッキング	
レインコート	
タオル	
毛布	
懐中電灯(強力ライト・LEDライト)	

ハンズフリーライト (LEDヘッドライトまたはLEDネックライト)	
ラジオ (手まわし充電・ライト、サイレン、スマホ充電機能つき)	
ヘルメットまたは防災頭巾 (プラスチック製や布製など)	
軍手(滑り止めつき)	
電池(単4、単3が主流)	
着火用具	
ろうそく	
救急セット	
水	
食品	
インスタントラーメン	
缶切り	
ナイフ(キッチンバサミ)	
哺乳ビン	
薬・薬手帳(常備薬や処方されている薬など)	
交通系ICカード	
身分証明書、保険証、運転免許証、パスポートなど	
現金(10万円以内)	

注意! 非常用持ち出し袋に入れて無理なく運べる重さ・容量になるよう、家族構成などに合わせて必要なものを取捨選択してください。

非常用持ち出し袋は分散して配置する

家の外や車にも置いておく

非常用持ち出し袋は、家の中なら玄関近くなど、避難する際にすぐに持ち出せる場所に置きましょう。また、**車の中や物置き、ベランダなどにも配置すると安心です**。家が倒壊して自宅に入れないような状況でも、車や物置き、ベランダなどから持ち出すことができます。

お風呂の水をためる際の注意

栓とふたは閉めておく

災害時に水道や電気が止まった場合にそなえて、お風呂に水をためておくことは有効です。ただし、お風呂にためた水はそのまま飲料水としては使えないので、**飲み水は別途用意する必要があります**。また、栓が劣化しているとためた水がもれ出してしまいます。しっかりと栓を閉め、浴そうのふたもしておきましょう。

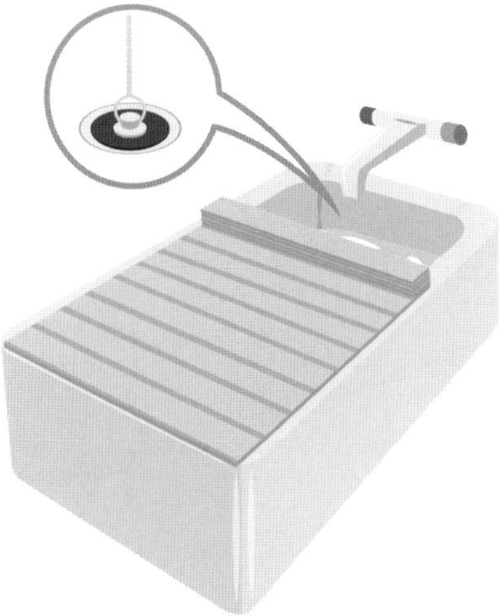

注意！ 小さなお子さんがいる家庭では、お子さんが誤って浴そうに落ちてしまわないよう十分注意してください。

浴室やトイレの外にものを置かない

「出られない！」に注意しよう

浴室やトイレにいる際に地震が起き、**掃除機やモップ、洋服かけ、スーツケースなどが倒れると、それらがトイレのドアにつかえて**中に閉じ込められるおそれがあります。実際に閉じ込められたケースもありましたので、今すぐ置き場所を変えましょう。

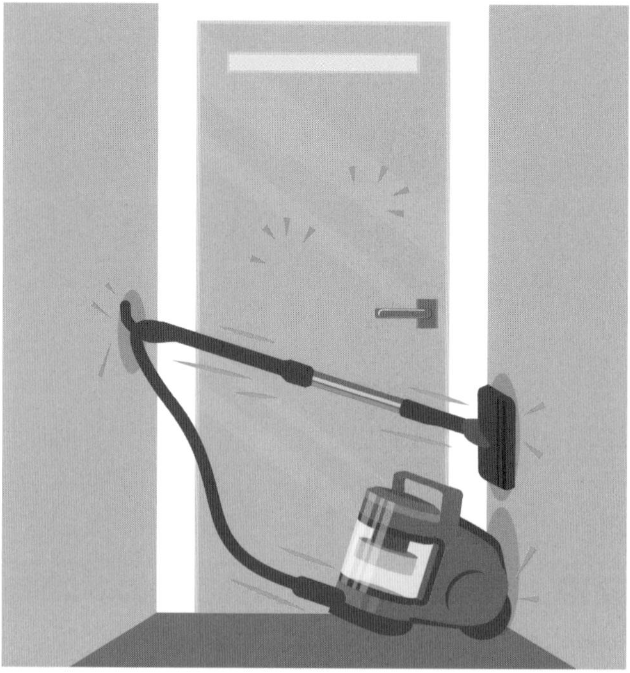

崩れにくいお皿のしまい方

一番大きなお皿を真ん中に!

お皿を食器棚などに重ねて収納する際は、一番下が中くらいの大きさのお皿、真ん中が大きなお皿、一番上が小さなお皿になるようにしましょう。**下から順に大・中・小と並べるよりもゆれに強く**、飛び出したり崩れたりしにくくなります。

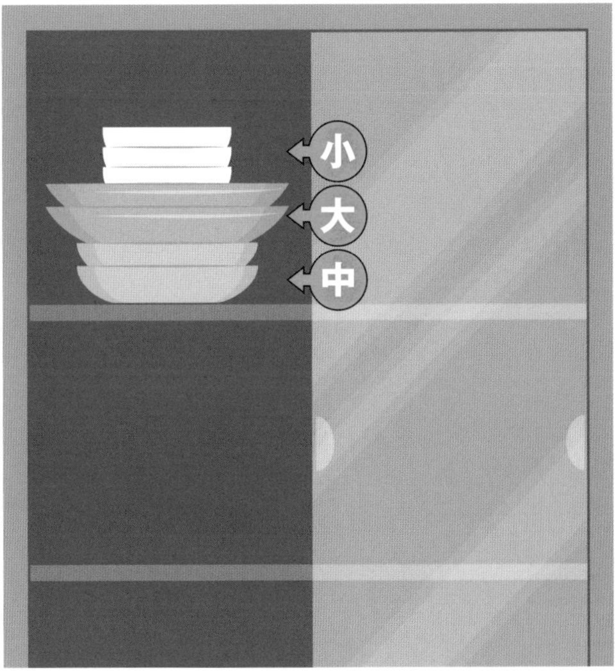

家具はしっかりと固定しておく

家具類によるけがを防ぐ

地震によるけがの多くが、家具類の転倒・落下・移動が原因です。寝室や高齢者・乳幼児がいる場所、避難経路（出入口、廊下、階段など）には、転倒した際に下敷きになったり、避難経路をふさいだりするおそれのある家具は置かないようにしましょう。また、しっかりと固定しておくことも重要です。

L字型金具で固定

家具と壁をL字型金具でネジ止めします。

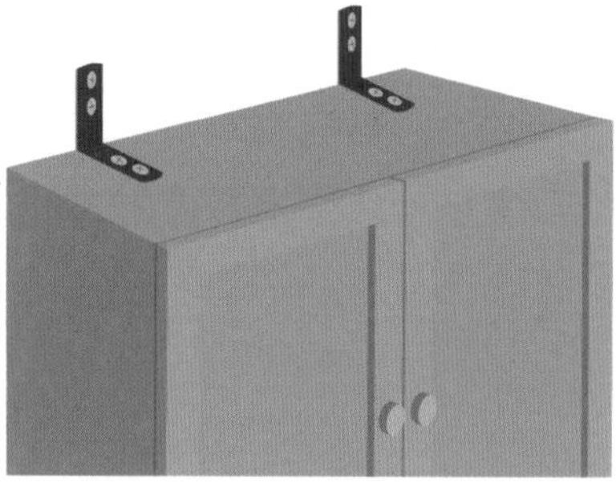

つっぱり棒で固定

家具と天井のすき間につっぱり棒を配置して固定します。応急処置としてならば雑誌や本などですき間を埋めてもOKです。

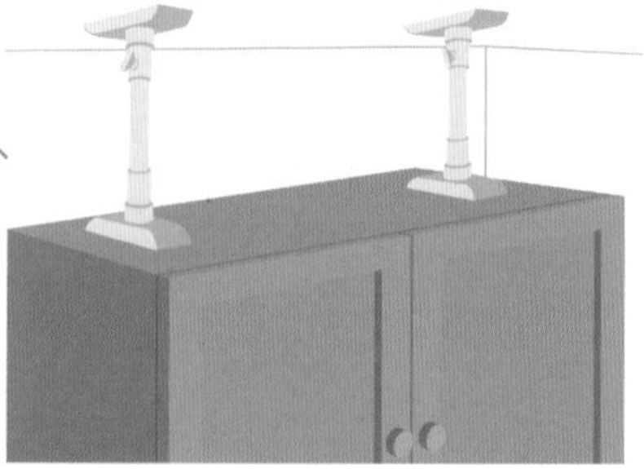

ストッパーで固定

家具の前下部にくさび形のストッパーをはさみ、壁ぎわに傾斜させて倒れにくくします。たたんだ新聞紙などでも代用できます。

専用ベルトで固定

壁と家具や家電を専用ベルトで固定し、移動や転倒を防ぎます。

日ごろから非常口を確認する習慣をつける

非常口を必ずチェック!

災害は、いつどこで起きるかわかりません。カフェやレストラン、駅、ショッピングセンター、ホテルなどに入ったら、**真っ先に非常口の場所を確認する習慣をつけましょう**。非常口の場所がわかっていれば、いざというときも落ち着いて行動ができるはずです。

ハザードマップを頼りすぎない

うのみにせず、自分の頭で考える

災害が発生したときに、危険と思われるエリアや避難場所などを地図にまとめたものがハザードマップです。ただし、自宅やオフィスがハザードマップの危険区域外であっても油断は禁物。**ハザードマップはあくまでも目安**。郷土史を調べる、家や職場の周囲を歩いて観察するなど、自分自身でしっかり考えて判断することも大切です。

子どもの目線で確認してみよう

防災の準備は子どもと一緒に

子どもがいる家庭は、**「災害時に家の中が安全かどうか」「災害時に通学路が安全かどうか」**を、子どもと同じ目線で確認することをおすすめします。大人にはあまり危険が感じられない場所も、体の小さい子どもにとっては危険かもしれません。親子が一緒に確認することで、家族の防災意識も高まります。

災害時に利用できる施設や設備をチェック

水やトイレの提供を受けられる

「災害時帰宅支援ステーション」のステッカーが貼られたコンビニエンスストアやファミリーレストラン、「災害時サポートステーション」のステッカーが貼られたガソリンスタンドなどでは、**災害発生時に水道水・トイレ・休憩場所・災害情報などの提供を受けられます**（提供内容は店舗ごとに異なります）。また、災害時に無償で飲料製品を提供してくれる自動販売機もあります。普段から場所を確認しておきましょう。

近所づき合いは最強の防災術

助け合える関係をきずいておく

大きな災害が広範囲で起こった場合、自治体や消防、自衛隊などによる「公助」がすぐに来るとはかぎりません。公助が来るまでの間に頼りになるのが「ご近助さん」です。緊急時に近くの人同士で助け合えるよう、**近隣の住民とあいさつをする、地域のイベントに参加するなど**、日ごろからコミュニケーションをとっておきましょう。

パッと見！
防災ブック

火災にそなえる

！ 自宅にいるときに火事が起きたら

通報 ➡ 初期消火を試みる

まずは119番に通報します。隣近所にも「火事だ！」と大声で知らせましょう。**炎がまだ小さい場合は、消火器や市販の消火用ボール、バケツやボウルの水、水でぬらした大きな布などで消火します**。

消火器がない場合は……

《天ぷら鍋の油》　鍋の口より大きな布をぬらしてかたくしぼり、やけどに気をつけて手前から全体をおおうようにかぶせます。または、鍋にぴったり合うふたがあれば、手前から炎を押さえる（空気を遮断《しゃだん》する）ようにして閉めます。炎が急激に広がるため、絶対に水をかけないこと。

《石油ストーブ》　大きな布をぬらしてかたくしぼり、上からおおうようにかぶせます。または、大量の水を勢いよく一気にかけます。

《電気器具》　感電のおそれがあるので、コンセントからプラグを抜いた後に水をかけます。

炎が大きくなったら避難

炎の高さが1m以上になった、あるいは、天井に燃え移ったり、煙がたくさん出たりしたら、すぐさま避難しましょう。可能なら、燃えている部屋の窓やドアを閉め、空気を遮断してから避難します。

注意 一度避難したら、消防の許可が下りるまで絶対に建物内には戻らないようにしてください。

職場にいるときに火事が起きたら

逃げる方向は「横」か「下」

職場にいるときに火事が起きたら、❶119番に通報する➡❷初期消火を試みるという流れは、自宅で火事が起きたときと同じです。その後、**避難する際は、火元から離れて「横の方向」か「下の方向」に逃げるのが基本です**。炎も煙も上に向かうスピードが速いため、横あるいは下の方向に逃げたほうが、生存率が上がります。

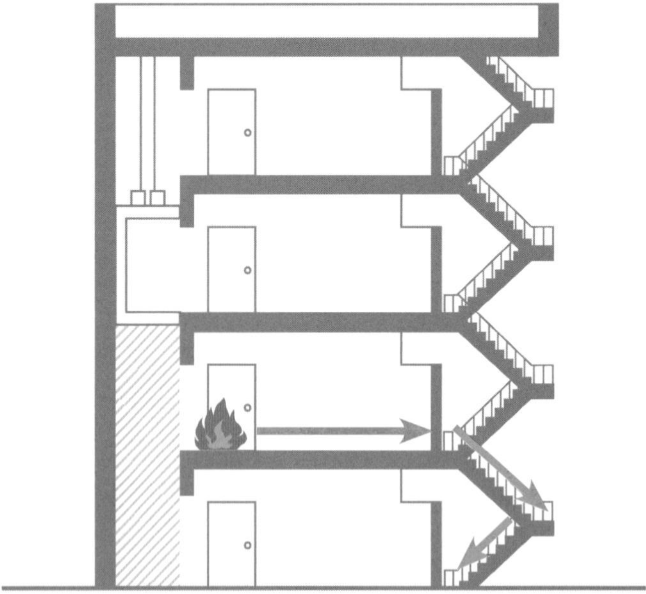

窓やドアを閉めながら避難

火事が起きて避難するときは、**可能な限り、部屋のドア、窓、防火扉などを閉めながら逃げるようにしましょう**。空気が遮断され、火がほかの部屋に広がるのを食い止められます。ただし、オフィスビルなど大勢の人がいる場所では、中に人がいないことがわかっている場合のみ、窓や扉を閉めるようにしてください。

身近にあるもので2階から脱出する方法

シーツなどを結んでつなぐ

自宅などの1階で火事が起き、2階から脱出しなくてはならないような場合、シーツや毛布、カーテンなどの**大きな布を結んでロープにし**、頑丈な手すりなどに結んで下に降りることができます。

結び方

1 右手で持った布が手前になるよう、左手で持った布と交差させます。右手で持った布を左手で持った布にからませます。

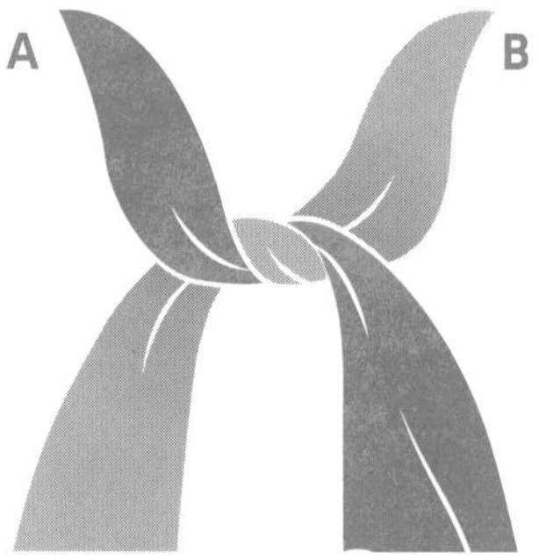

2 AをBにくぐらせます。AとBを均等に左右に引き、結び目を作ります。

3 **B**を**C**に結びます。同じように**A**を**D**に結びます。

4 **3**の**C**および**D**の途中をこぶ結びにして結び目を作っておくと、下りる際に手や足を引っかけることができます。

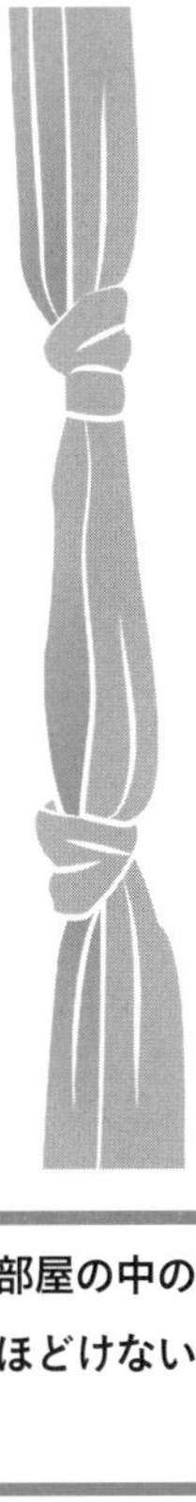

注意! **作ったロープの先端の片側は、部屋の中の柱やベランダの手すりなど、頑丈なところにほどけないよう結びつけます。**

非常口の場所がわからなかったら

「通路誘導灯」を探す

火事が起きて避難する際は「非常口」を目指します。「非常口」には、緑色の地に、白い出入口・緑の人のシルエットが描かれた「避難口誘導灯」が設置されています。なかなか見つからないときは、**白地に、緑の矢印と避難する人のシルエットが描かれた「通路誘導灯」を探しましょう**。通路誘導灯の矢印に沿って進めば、非常口にたどり着けます。

煙が充まんして視界が悪くなったら

壁に沿って逃げる

　火災では、煙が発生して視界が悪くなることがあります。よく知っている場所であれば非常口の場所がわかるかもしれませんが、**はじめての場所や広いショッピングモールなどでは方向を見失う可能性があります**。このような場合は、壁伝いに逃げるのが基本です。壁伝いに逃げていれば、ドアや非常口を見落とす可能性が低くなります。

煙が充まんしている中を避難するときは

透明のポリ袋をかぶる

火事で一番怖いのが煙です。**煙には、一酸化炭素などの有毒ガスが含まれており、吸い込むと中毒などにより命を落とすリスクがあります**。煙の中を逃げる際は下記の方法を参考にして、できるだけ煙を吸い込まないようにしましょう。

大きな透明のポリ袋をかぶる

顔が入る大きさの透明のポリ袋を用意します。袋の口を下にして持ち、上下に軽く振って中に空気を入れ、頭からかぶります。中の空気が逃げないよう口の部分を手でつかみます。

小さなポリ袋だと中の空気が不足して危険です。短時間で逃げるための緊急用としてのみ使用します。

低い姿勢で避難する

床の近くには新鮮な空気が残っている可能性があります。顔をできるだけ床に近づけるような低い姿勢で避難してください。

NOMURA'S ADVICE

透明のポリ袋がない場合は、水でぬらしたハンカチなどを口にあてる、または、ぬらしたハンカチやペーパータオルを口にあてその上からマスクをするといいでしょう。

消火器の使い方

ノズルを左右に振って消す

消火訓練以外に消火器を使ったことがある人は少ないと思いますが、**いざというときにとまどわないよう、消火器の使い方を覚えておきましょう**。

1 消火器を運ぶ

下側のレバーを持って消火器を火元の近くまで運びます。

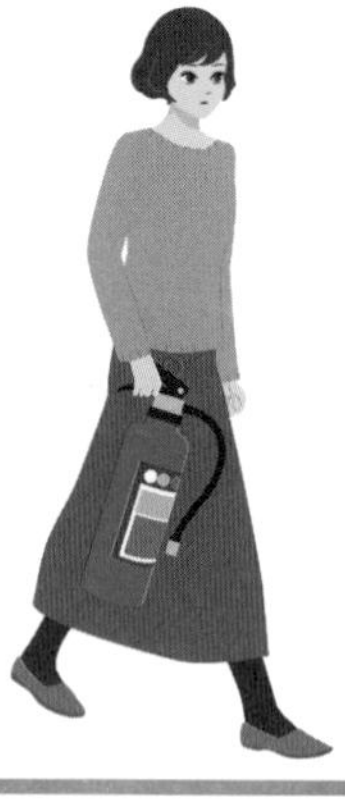

2 安全ピンを抜く

消火器を床に置き、上部にある安全ピンを抜きます。

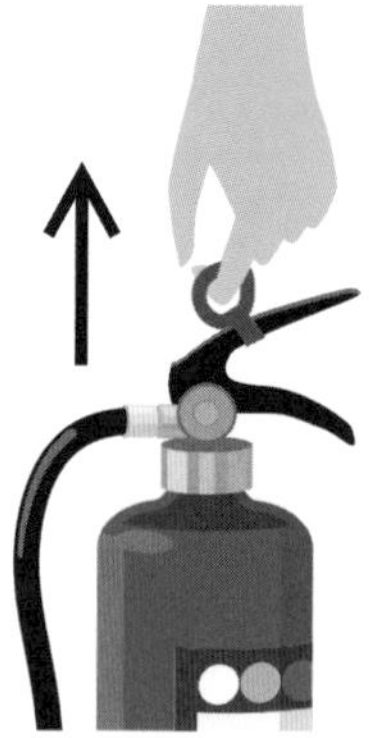

注意

消火器には使用期限があります。使用期限をすぎた消火器や、容器が破損している消火器を使うと、かえって危険なこともあるので定期的に確認しましょう。

3 ノズルの先を火元に向ける

消火器のノズルの先（放射口）を火の根元付近に向けます。

4 消火する

レバーを強く握ってノズルの先をほうきではくように左右に振りながら近づき、消火剤を放射します。握力が弱い方は消火器を床に置き、レバーの上に手を添えて体重をかけるように押したり、レバーの上に座るようにして押すといいでしょう。

途中で放射を止めたいときは、消火器を逆さまにします。

屋内消火栓の使い方

消火栓は2人での作業が基本

マンションやオフィスビルなどには屋内消火栓が設置されています。屋内消火栓にはいくつかの種類がありますが、ここでは、**基本的な1号消火栓の使い方**を説明します。

1 起動ボタンを押す

消火栓の上部にある起動ボタンを押します。赤色表示灯が点滅するとポンプが起動します。

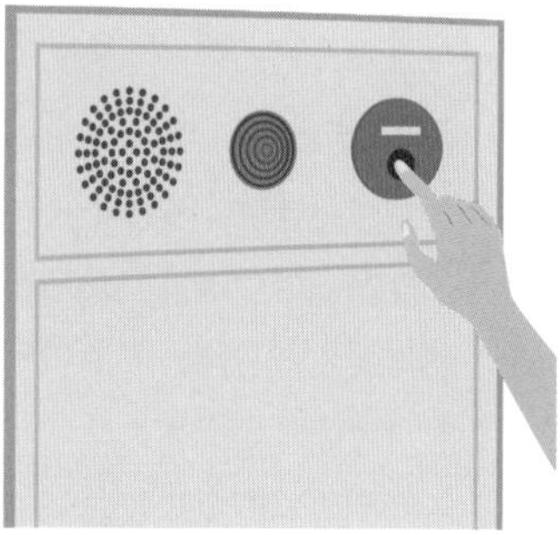

2 ホースをのばす

消火栓の扉を開き、収納されているホースを出してのばし、火元に持って行きます。ホースはすべてのばしきるようにしてください。

3 開閉バルブを開く

もう1人が、扉の中にある赤い開閉バルブをまわします。

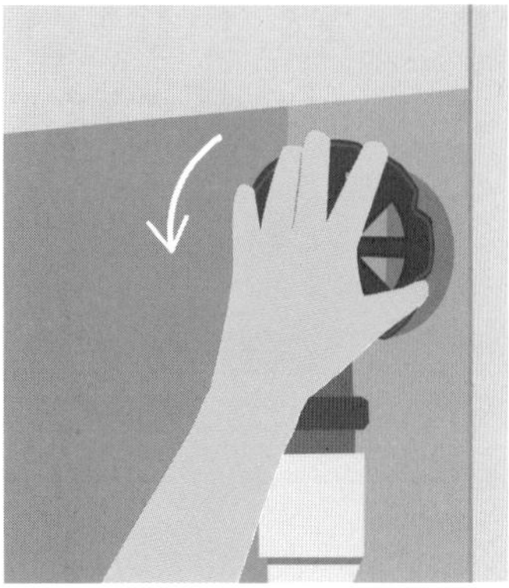

4 放水する

火元に向けて放水し、消火します。

注意 1号消火栓は、ホースを持って放水する人と、開閉バルブを開く人の最低2人で作業する必要があります。

着ている服に火がついたら

地面に転がって消す

料理中やバーベキュー、花火などをしているとき、自分が着ている衣服に火が燃え移ったら、**すぐに「ストップ、ドロップ&ロール」**をしましょう。

1 ストップ（止まる）

まずはその場に止まります。走ると風が起こり、火の勢いが大きくなるので絶対にやめましょう。

2 ドロップ（倒れる）

地面に倒れて、燃えているところを地面に押しつけます。体と地面のすき間をできるだけなくして空気を遮断します。

3 ロール（転がる）

倒れたまま左右に転がります。このとき、両手で顔をおおい、顔のやけどを防ぎます。

パッと見！
防災ブック

水害、強風、落雷などにそなえる

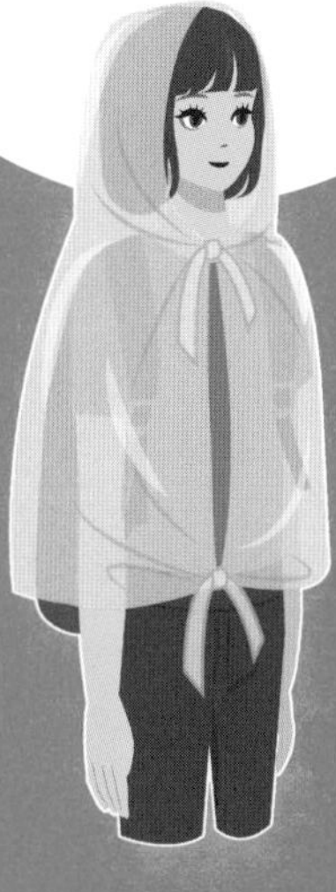

外を歩いているときに道路が冠水したら

道のはしは歩かない

大雨により道路が冠水《かんすい》したら、足元が見えにくくなり、側溝などに落ちてけがをするおそれがあります。**ふたがずれたマンホールに気をつけながらできるだけ歩道の真ん中を歩くようにしましょう**。携帯電話などの電子機器はポリ袋などに入れ、ぬれないように気をつけることも大切です。

注意

冠水している道路をヒールの高い靴で歩くのは困難ですが、はだしで歩くとガラスの破片などでけがをする可能性があるのでやめましょう。可能であれば動きやすいスニーカーにはき替えましょう。

！ 地下にいるときに大雨が降ったら

ドアが開かなくなる前に避難！

地下の飲食店や室内にいるときに大雨が降ってきたら、できるだけ早く避難しましょう。**浸水《しんすい》して水深が30cmほどになると、水圧でドアが開けられなくなり閉じ込められるおそれがあります**。もしも浸水したら、浸水しているのとは別の方向の出入口を探して避難しましょう。

NOMURA'S ADVICE

大雨が降っている、あるいは大雨が降ることが予想されるときは、地下空間には行かないように心がけましょう。

！川で遊んでいるときに水かさが増したら

逃げる方向は「垂直」と覚えよう

川の水が増してきたら、洪水に巻き込まれないようすぐに避難しましょう。このとき、川に対して垂直に逃げてください。遊んでいる場所は晴れている、またはそれほど雨が降っていなくても、**川の上流で大雨が降ったり増水したりすれば、下流が一気にあふれて洪水となることもあります**。キャンプや川遊びをする際は上流の様子にも気を配りましょう。

川で流されたら

流れに身をまかせて体力を温存

川で流されたら、やみくもに岸へ向かって泳ぐと、体力を消耗してしまいます。まずは**あお向けになって流れに身をまかせ、頭を上流に、足を下流に向けましょう**。岩などの障害物が近づいてくるのを感じたら、足で岩を蹴って避けます。こうして体力を温存しながら助けを待つか、流れがゆるやかになったら岸に向かって泳ぎます。

車を運転中に道路が冠水したら

すぐに高いところへ避難!

水深がマフラーより高くなると、ハンドルやブレーキが利かなくなり、**場合によってはエンジンが停止するおそれがあります**。冠水してきたらすぐに高い場所へ避難しましょう。また、周囲の地面よりも低くなっている道路区間は迂《う》回《かい》します。車が動かなくなったらエンジンを切り、貴重品と車検証を持って車外へ。キーは車内に置き、ドアはロックせず避難してください。

車が水没してドアが開かないときは

サイドウィンドウを割って脱出

車が水没すると水圧でドアが開かなくなります。そのようなときはサイドウィンドウを割って脱出しましょう。**緊急脱出ハンマーのような道具がない場合は、シートのヘッドレストで代用します**。ヘッドレストをはずし、鉄棒の先端を窓とドアのすき間に入れたら、てこの原理でそのまま手前に強く引きます。サイドウィンドウが割れたら、そこから脱出します。

注意　**フロントウィンドウは強化されているため容易に割れません。**

！土のうがないときのわが家の守り方

玄関をビニールシートでおおう

ゲリラ豪雨や集中豪雨などにより家が浸水するおそれがあるのに土のうがないときは、**ビニールシートやプランター、ポリタンクで代用できます**。ビニールシートを玄関の外側と床にそわせ、水や土を入れたプランター、または水を入れたポリタンクなどで押さえます。台風や大雨の前に準備しておけば、浸水による被害を最小限に抑えられます。

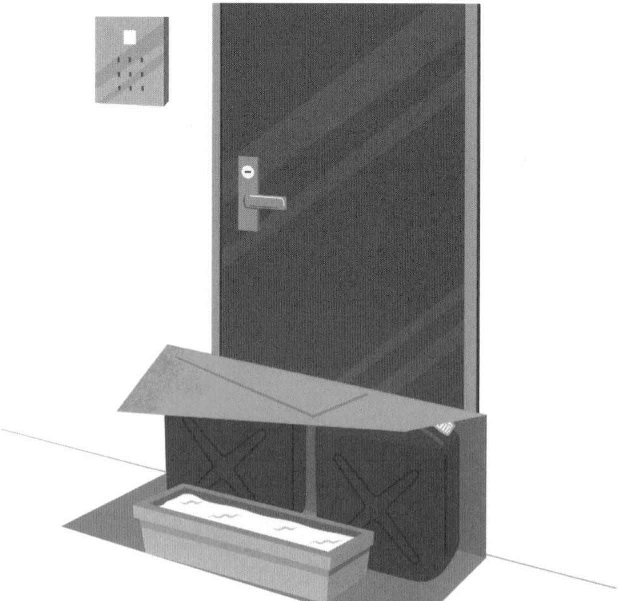

水害時の避難のタイミング

警戒レベル4で全員避難を!

洪水や土砂災害が起きるおそれがあるときは、気象庁や市町村が発令する「警戒レベル」をこまめにチェックしましょう。警戒レベルは1から5まであり、「警戒レベル3」になったら、高齢者、要介護者、乳幼児など、避難に時間がかかる方やつき添いの方は避難を開始してください。**「警戒レベル4」になったら、対象地域の住民は全員、近隣の安全な場所へ避難します**。

大雨警戒レベル

警戒レベル
5
【災害発生】
命を守るための
最善の行動をとる

警戒レベル
4
【避難勧告、避難指示】
対象地域住民は全員避難

警戒レベル
3
【避難準備】
高齢者や要介護者等の
避難開始

警戒レベル
2
避難先、避難経路などを確認

警戒レベル
1
災害への心がまえを高める

※警戒レベルは変更される可能性があります。

水害時の避難のポイント①

長靴はダメ。スニーカーがベスト

道路が冠水したり、大雨が降っていたりする中で避難するとき、長靴をはくのはやめましょう。**長靴の中に水が入ると動きにくくなり、避難のさまたげになるからです。**防水タイプのシューズか、なければはき慣れたスニーカーで避難しましょう。

水害時の避難のポイント②

カサで足元を確認しながら歩く

　道路が冠水していると足元が見えず、**水中にあるガラスや金属の破片を踏んだり、ふたがずれたマンホールや側溝に落ちたりする危険があります**。カサなどの先で足元を確認しながら避難しましょう。また、水の中を歩く際は、足をあまり上げずにすり足で歩いたほうが水流に足をとられにくくなり安全です。

ごみ袋で
レインコートを作る

簡易レインコート（ポンチョ）を作る

いざというとき、45ℓごみ袋でレインコート（ポンチョ）を作る方法です。**子ども用は20ℓのごみ袋で作れます**。

作り方

1 45ℓのごみ袋を用意し、図の点線部分をハサミで切ります。

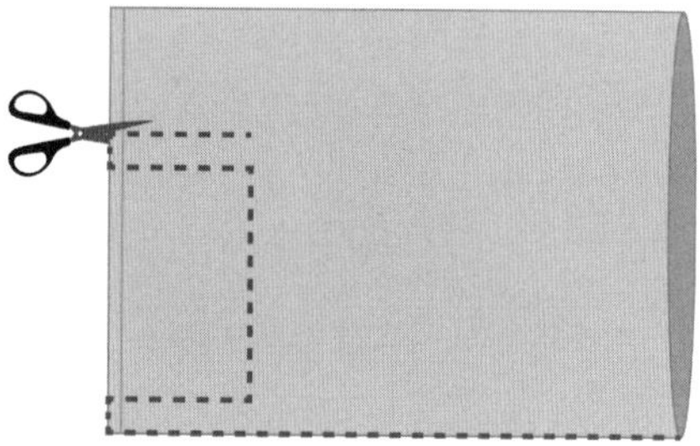

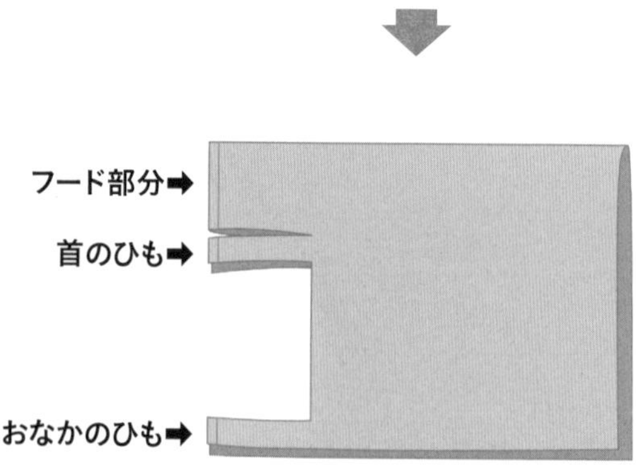

2 1のフードの部分をかぶり、首のひも、おなかのひもをそれぞれ結んだら完成です。

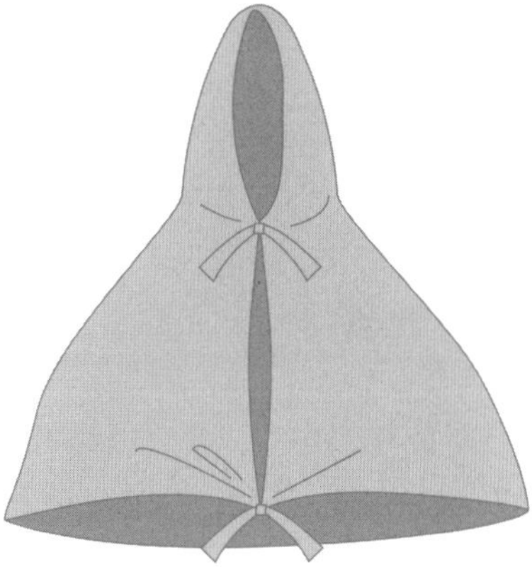

ポンチョ型なので、リュックサックを背負ったまま着用できます。

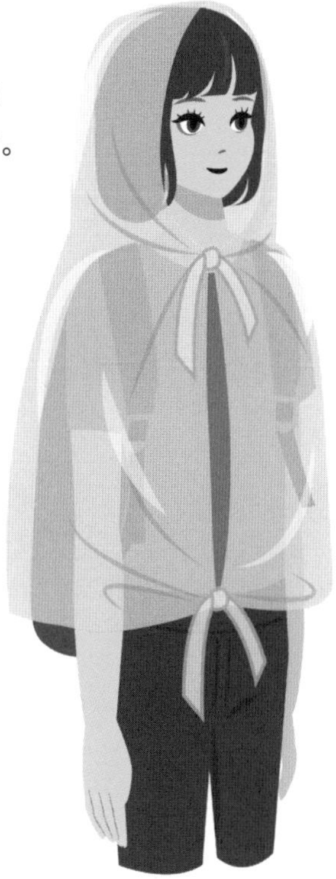

ペットボトルで
ライフジャケットを作る

ペットボトルで浮力を得る

ペットボトルは、いざというときにライフジャケット代わりになります。ここでは、**2種類の簡易ライフジャケットの作り方**を紹介します。

作り方［その1］

1　2ℓの空のペットボトルを4本用意します。キャップをはずし、服の内側に入れます。

2　服の上からキャップを閉めます。体の前面に2本、背面に2本セットします。

作り方［その2］

1　2ℓの空のペットボトルを2本、長さ50㎝くらいのひもを1本用意します。ペットボトルのふたの下で、ひもの両はしをほどけないように結びます。

2　ひもを首にかけ、2本のペットボトルが胸の前にくるようにします。両腕で軽く抱くようにしてあお向けになれば、ライフジャケット代わりになります。

水害の後は
感染症と塩害に注意

家の中を掃除しよう

　台風や大雨などで家が浸水した場合は、細菌やカビなどが繁《はん》殖《しょく》して感染症にかかるおそれがあるため、清掃《せいそう》や消毒が必要です。

清掃のポイント

- 丈夫な手袋、マスク、ゴーグル、厚手の服を着用する
- ドアと窓を開けて換気する
- 汚泥《おでい》を取り除き、室内や家具を乾燥させる
- 清掃が終わったらしっかり手洗いをする
- 細菌などに感染したり、粉じんを吸い込んだりするリスクが高いため、子どもには手伝わせない

台風後の塩害で停電も

台風の後は、塩害《えんがい》にも注意が必要です。**強風で電線や電柱に海水が吹きつけられて塩分が付着すると、それが原因でショートして停電や火災の原因になります**。電線や電柱が白くなっていたら塩分がついている可能性があるので、電力会社に知らせましょう。また、植物が枯れる、車がさびるなどの被害もあるので、台風後は水で洗い流してください。

! 雪崩が起きたら

手で鼻と口をおおう

　登山やスキー、スノーボードの最中に雪崩に巻き込まれたら、**体を丸めて両手で鼻と口をおおいましょう**。体を丸めるのは雪の重みで手足が動かなくなるのを防ぐため、両手で顔をおおうのは呼吸するスペースを確保するためです。手は息を吹きかけて温めるときのように軽く丸めます。

！ 大雪で車が立ち往生し車内ですごすときは

一酸化炭素中毒に気をつける

暖をとるためにエンジンをかけておくときは、一酸化炭素中毒に注意してください。**マフラーの排気口が雪でふさがれると排気ガスが車内に入り込み、一酸化炭素中毒になるおそれがあります**。窓を少し開けて常に換気をし、マフラー周辺をこまめに除雪しましょう。

注意！　狭い車内に長時間いるとエコノミー症候群になるおそれもあるので、体を定期的に動かしましょう。

外出中に落雷が起きたら

電柱や木から4m以上離れる

　雷は場所を選ばずに落ちます。外にいるときに雷鳴が聞こえたり、雷光が見えたりしたら、建物や自動車（オープンカーはNG）、バス、電車などの安全な空間に避難しましょう。近くに安全な空間がない場合は、**電柱や煙突、鉄塔などの高い建築物や木から4m以上離れ**、できるだけ低い姿勢になってやりすごします。

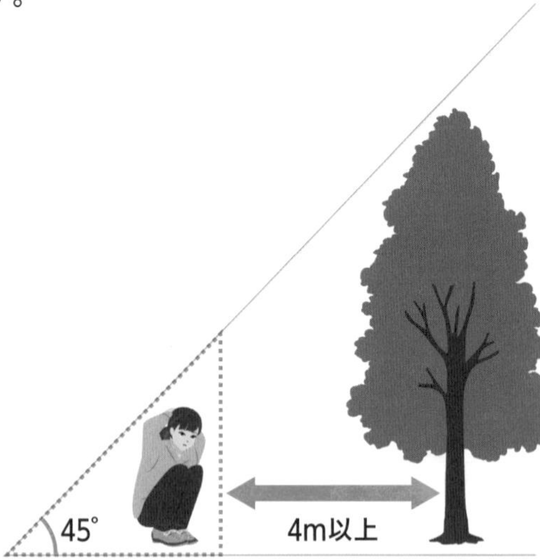

NOMURA'S ADVICE

上のイラストの点線の範囲内（保護範囲）は比較的安全といわれています。

竜巻が起きたら

外出中なら建物の中へ逃げる

外出中に竜巻が近づいてくるのが見えたら、近くの頑丈な建物の中へ避難しましょう。**避難できない場合は、建物の物陰などに身を隠し、頭と首の後ろを守ってしゃがみます**。屋内にいる場合は窓のない部屋に移動するか、窓や壁から離れます。

注意　竜巻を撮影しようと窓を開けたり、ベランダに出たりするのは大変危険です。絶対にやめましょう。

噴火が起きたら

頭・目・のどを守って避難

噴火が起きたら、溶岩流《ようがんりゅう》や火砕流《かさいりゅう》などが発生する可能性があります。すみやかに安全な場所へ避難してください。

避難のポイント

- ヘルメットをかぶり、火口から飛んでくる石から頭部を守る
- ゴーグル、マスクをして火山灰から目やのどを守る
- やけどなどを防ぐために長袖、長ズボン、手袋を着用し肌を露出しないようにする

パッと見！

防災ブック

避難生活にそなえる

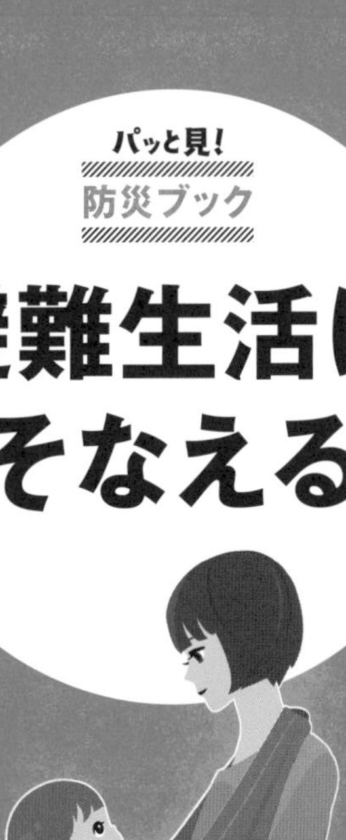

マスクがないときは

簡易マスクを作る

　災害時は衛生状態を保つのが難しく、感染症の拡大リスクが高まります。**避難所のように大勢の人がいる場所ですごす際は、必ずマスクを着用しましょう**。マスクがないときはキッチンペーパーで簡易マスクを作って代用します。

作り方

1　キッチンペーパーをじゃばら状に折ります。

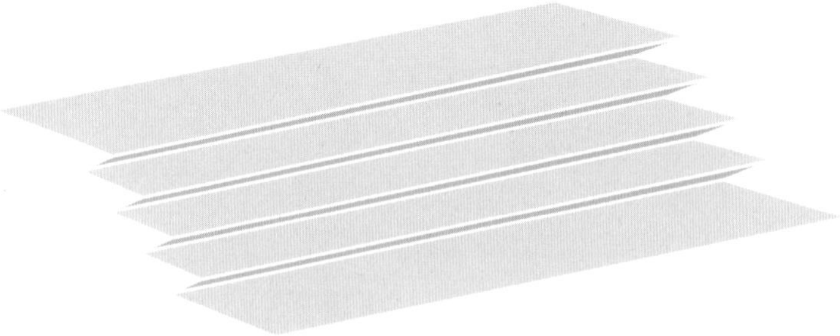

2 左右のはしを折り、輪ゴムを引っかけます。輪ゴムがはずれないよう、折った部分のはしをホチキスなどで留めます。

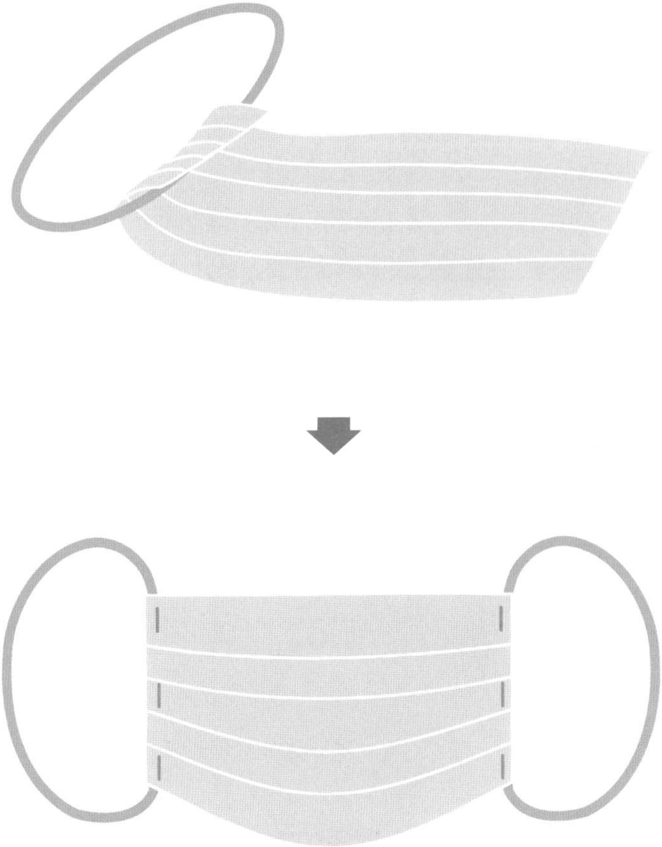

注意 簡易マスクは、災害時の応急用として使用するもので、感染防止を保証するものではありません。

自己防衛キットを持ち歩こう

ポーチに衛生用品を入れておく

　災害はいつどこで起きるかわかりません。外出先で災害が発生し、自宅に戻れないまま避難所での生活がスタートする可能性もあります。**最低限の衛生用品をまとめた“自己防衛キット”をポーチに入れ、持ち歩く習慣をつけましょう**。

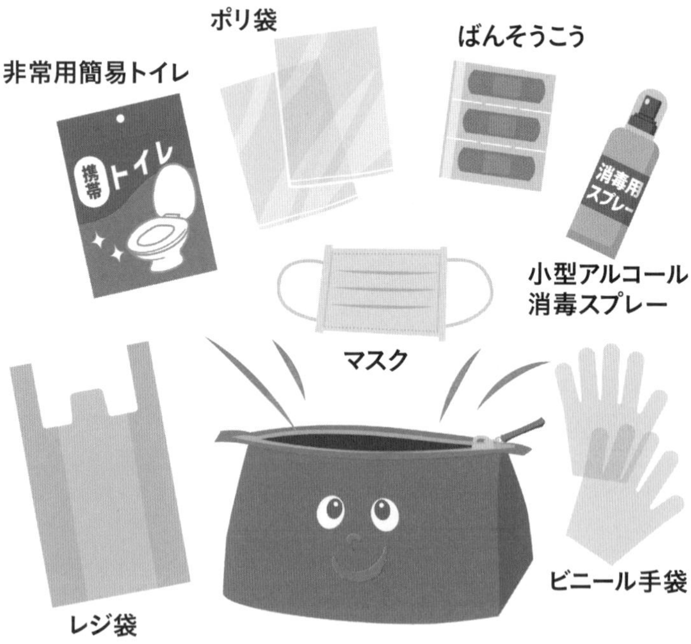

水を運ぶ バケツがなかったら

ポリ袋をバケツ代わりにする

災害で断水になると給水所が設置されますが、水を入れて運ぶバケツやポリタンクがないということもあります。そんなときは、**大きめのポリ袋を2～3枚重ねて水を入れ、口をしっかりしばって運びます**。

注意 水を多く入れると運ぶのに苦労します。また、袋が破れるおそれもあるので、水を入れる量は袋の半分くらいにしましょう。

非常用の簡易トイレがないときは

ポリ袋で既存のトイレを利用する

災害時にとくに困るのがトイレです。水道が復旧してなくて流すことができない場合にそなえて**非常用の簡易トイレを常備しておくのが一番ですが、なければ、ポリ袋を用いて既存のトイレを使いましょう**。

水を流さずにトイレを使う方法

1　便座を上げて便器に大きめのポリ袋をかぶせます。

2 便座を下ろし、さらにポリ袋をかぶせ、ポリ袋の中に丸めた（あるいは細かく破った）新聞紙を複数入れます。

3 用を足したら、**2**でかぶせたポリ袋をはずして口をしっかりとしばり、処分します。

避難所で周囲の音が気になって眠れないときは

食品用ラップで耳栓を作る

大勢の人が集まる避難所では、周囲の話し声や生活音が気になってなかなか眠れないことがあります。その場合、食品用ラップで耳栓を作りましょう。

作り方

1 ラップ（幅30cmのもの）を30cmほど出して切り、右を起点としてラッパ状に丸めます。

2 起点部分を結んでこぶを作り、さらに中央部分も結んでこぶを作ります。

3 開いた部分を内側から外側に丸めるように折り、根元部分をねじります。

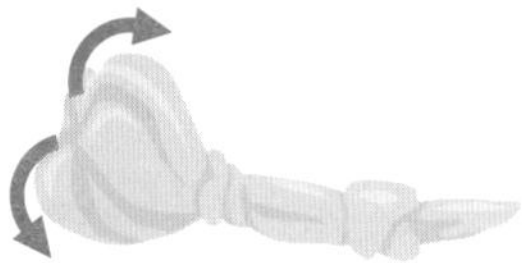

4 **3**で折った部分を耳の穴に入れます。

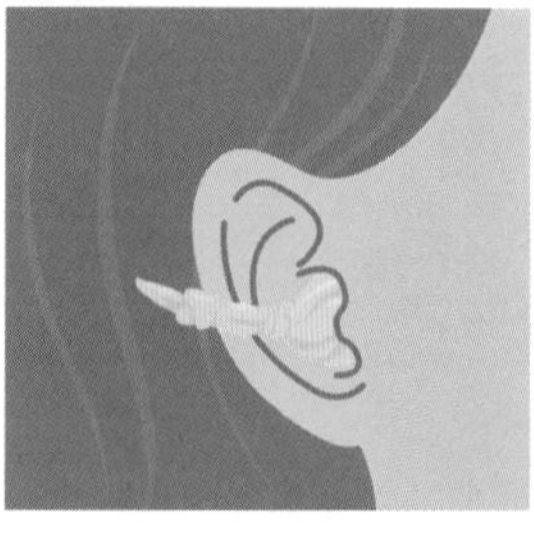

スプーンがないときは

牛乳パックでスプーンを作る

避難生活中にスプーンがなくて困ったら、牛乳パック（飲料用紙パック）で作ります。1個のパックから4つの簡易スプーンができます。

作り方

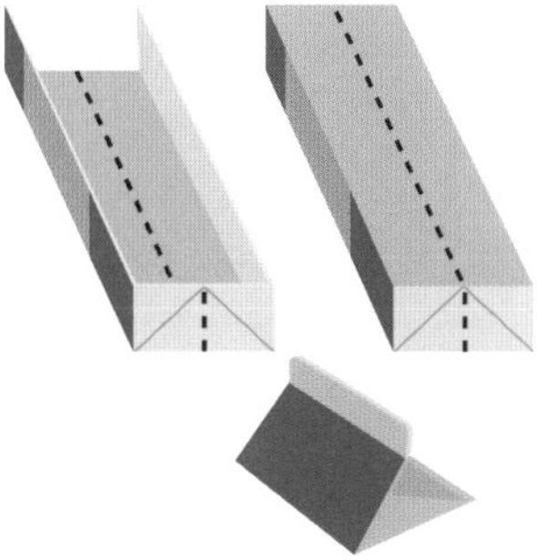

1 上部をカッターやハサミで切り取ります。本体部分を縦半分に切ったら、さらに点線部分で切ります。

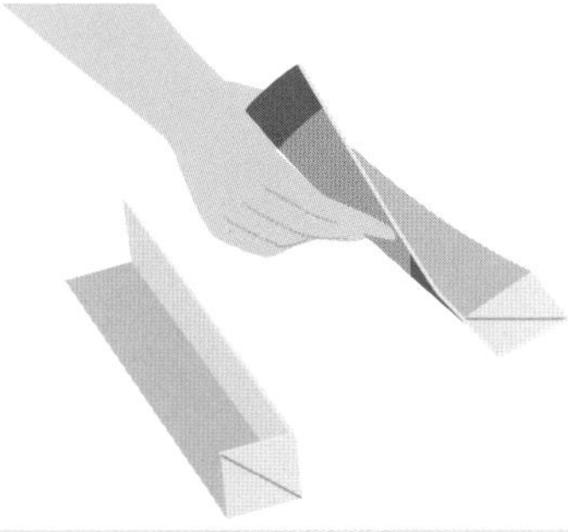

2 上の部分を手で持ち、下のくぼみ部分で食べ物をすくって食べます。

NOMURA'S ADVICE

1ℓのパックで作れば大きめのスプーン、500mℓのパックで作れば小さめのスプーンができます。

十分な寝具がなく寒くて眠れないときは

レジャーシートと新聞紙で保温

　避難所では毛布が配られることがありますが、1人1枚程度。冬は寒くて眠れないこともあります。そんなときは、毛布とレジャーシート、新聞紙で寝袋を作り、寒さをしのぎます。

作り方

1　レジャーシートの上に毛布を敷き、その上に寝ます。体に新聞紙をかけます。

2　毛布とレジャーシートで体を包みます。

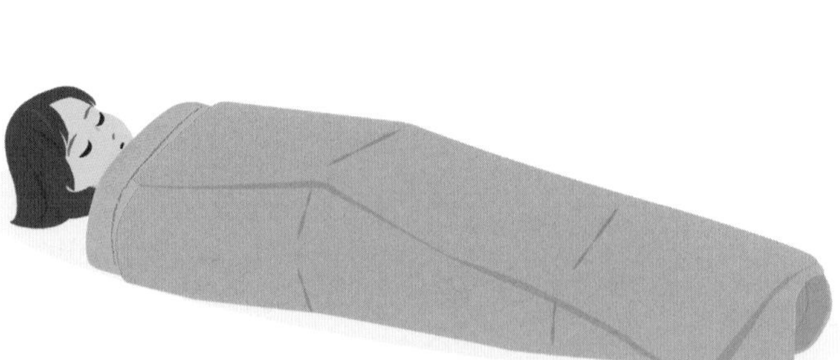

必要な大きさの乾電池がなかったら

乾電池の大きさを変える

単1電池が必要なのに単3電池しかないときは、単3電池に段ボールを巻いてアルミホイルで高さを調整することで、単1電池として使うことができます。応急対策なので要注意！

単3電池を単1電池として使う場合

1 単3電池の高さに合わせて段ボールを切り、巻きつけて単1電池と同じ太さにします。

2 電池を入れるスペースに丸めたアルミホイルを入れて高さを調整し、1をセットします。

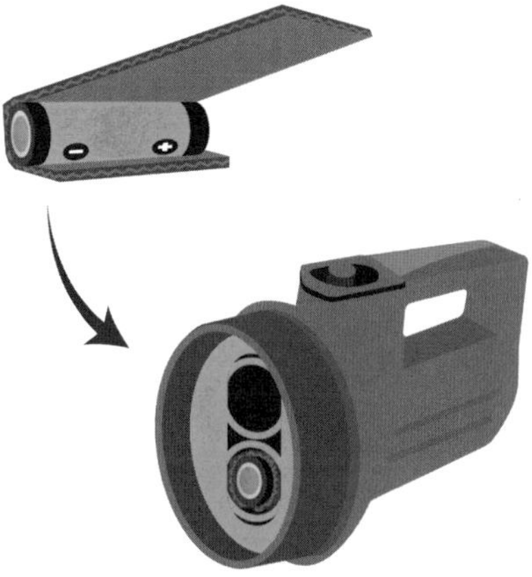

注意 あくまでも応急用なので、発熱、破裂、漏液に注意。あかりはやや暗くなります。ほかの大きさの乾電池も段ボールを巻くことで、より大きなサイズの乾電池の代わりとして使えます。

停電で あかりがほしいときは

即席キャンドルを作る

停電になってあかりがほしいときは、ツナ缶でキャンドルを作りましょう。1回火をつければ約1時間点灯し、火が消えた後は食べても問題ありません。ツナ缶のほか、オイル漬《づ》けの缶詰なら可能です。

作り方

1　缶詰のふたの真ん中に穴を開けます。ハサミの先端をあて、力を入れながらハサミを前後左右に動かすと穴が開きます。

2 ティッシュペーパー1枚をこより状にして先端を缶詰の穴に差し込み、キャンドルの芯《しん》代わりにします。数分おいてティッシュペーパーに油が浸透《しんとう》したら、火をつけます。

3 **2**に植木鉢を逆さまにかぶせると、子どもが炎にさわってやけどするのを防げます。

また、植木鉢の中に熱がたまり、ストーブのような効果が得られます。

NOMURA'S ADVICE

ブロックタイプのバターもキャンドル代わりになります。箱からバターを取り出して包装紙ごと半分に切り、断面の真ん中につま楊枝などで穴を開けます。こより状にしたティッシュペーパーを穴に差し込み、ティッシュの先端にバターをぬって火をつけます。

寒さをすばやく解消する方法

使い捨てカイロは肩甲骨の間に貼る

冬場に災害が起こると暖房などが使えず、寒い思いをすることがあります。そのような状態が続くと、体調が悪くなったり、風邪を引いたりします。すぐにできる防寒対策を覚えておきましょう。

1つの使い捨てカイロで体を効率よく温めたいときは、肩甲骨《けんこうこつ》の間に貼るのがおすすめです。**背中全体の血流がよくなって全身が温まり、体のこわばりもほぐれます**。

また、東洋医学では肩甲骨の間には「風門《ふうもん》」というツボがあり、ここを温めると風邪を予防できると考えられています。

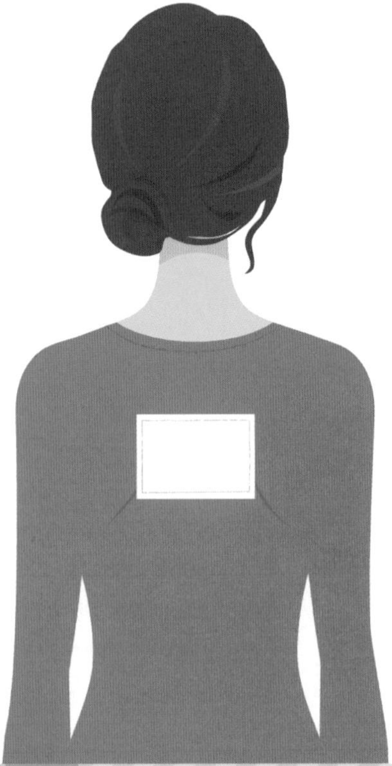

手足をブラブラさせる

心臓から遠いところにある手足は血流が悪くなりやすく、冷えがちです。手足に冷えを感じたら、ブラブラと動かしましょう。血のめぐりがよくなり、冷え改善の効果が期待できます。

NOMURA'S ADVICE

新聞紙には保温効果があるため、体や衣服の上に新聞紙を巻き、それを食品用ラップやストッキングなどで固定するのもおすすめです。

洗濯物を早く乾かしたいときは

ペットボトルハンガーを作る

避難生活中に洗濯物を早く乾かしたいときは、針金ハンガーの肩の部分にペットボトルをはめて衣類をかけましょう。衣類の中に風が通りやすくなり、早く乾きます。

作り方

針金ハンガーの肩の部分の先を手で強く握り、細くします。肩の部分に500mℓのペットボトルを差し込みます。

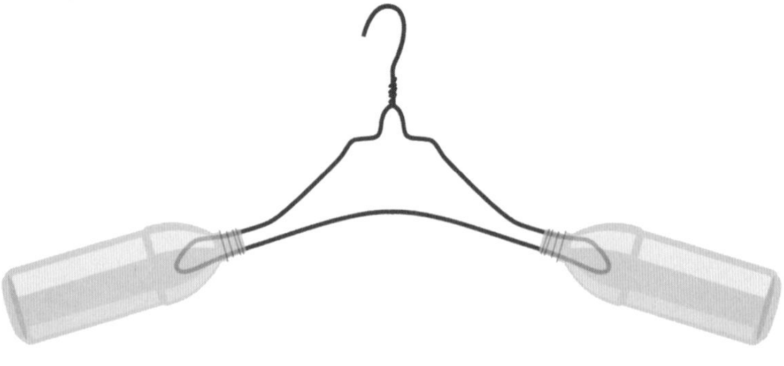

ジッパーつき保存袋を圧縮袋として使う

衣類はコンパクトにして運ぶ

避難所に持って行く荷物は、できるだけコンパクトにして運びたいもの。かさばりやすい衣類は、ジッパーつき保存袋に入れて圧縮しましょう。

作り方

1 ジッパーつき保存袋に衣類を入れます。

2 底のほうから巻いて空気を押し出し、ジッパーを閉めます。

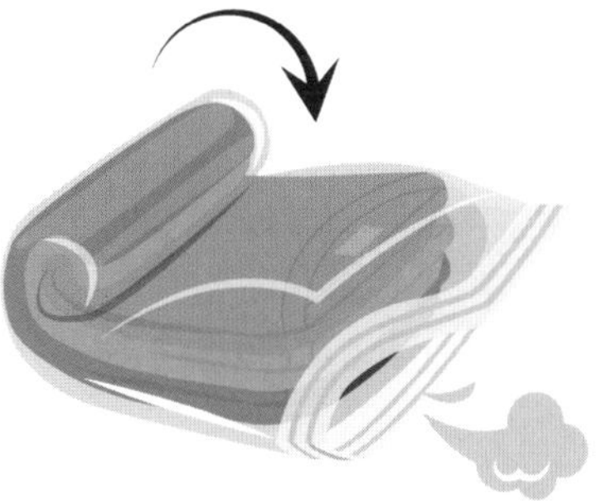

NOMURA'S ADVICE トイレットペーパーやキッチンペーパー、タオルなども同じように圧縮すると省スペースです。

段ボール箱で イスやトイレを作る

段ボール箱がイスやトイレに変身!

避難生活中ずっと床に座っていると、疲労や冷えを招きます。段ボール箱でイスを作りましょう。中にレジ袋などをセットして座面に穴を開ければ、簡易トイレにもなります。

簡易イスの作り方

1 段ボール箱の底を閉じ、辺が短いほうのふたをカッターなどで切り取ります。側面にカッターですじをつけます（点線部分）。

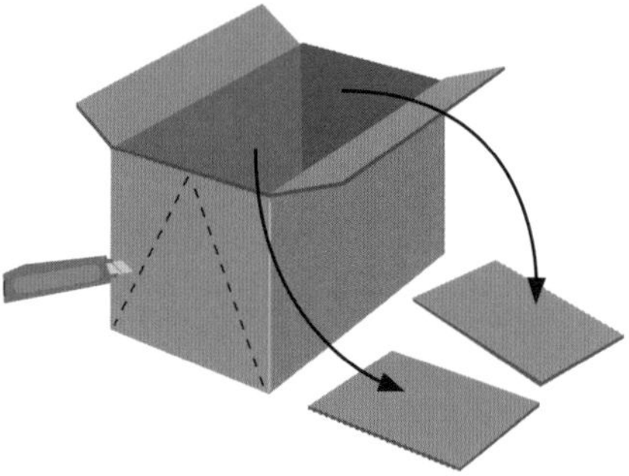

2 すじをつけた部分を内側に押し込み、ふたを閉じてガムテープで固定します。

簡易トイレの作り方

1 左ページの《簡易イスの作り方》の**2**で、ふたを閉じる前にポリ袋をセットしテープなどで止めます。

2 座面に穴を開けます。用を足したら、レジ袋を取り出し捨てます。

NOMURA'S ADVICE 120ページの1で切り取った段ボール箱のふたで、簡易スリッパを作りましょう（122ページ）。

段ボールで簡易スリッパを作る

足のけが、冷えの予防に

　避難生活中にスリッパが必要になったら、段ボールで作ります。スリッパをはけば、移動中に足をけがするリスクを減らすことができますし、足の冷えも軽減できます。

作り方

1　段ボールを、自分の足の約1.5倍の大きさになるようにカットします。イラストの点線部分に折り目をつけ、斜線部分を切り取ります。

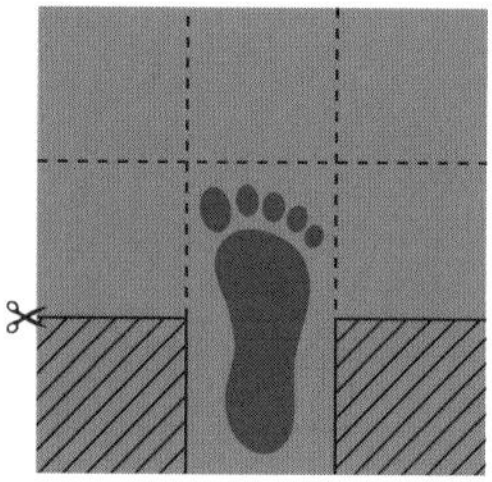

2　つま先前方の部分を折り、足を乗せます。

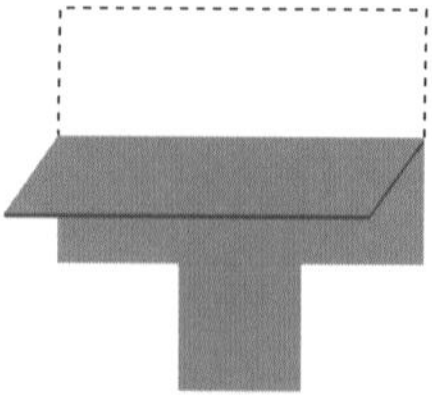

3　両サイドを折り、片側にはさみ込みます。

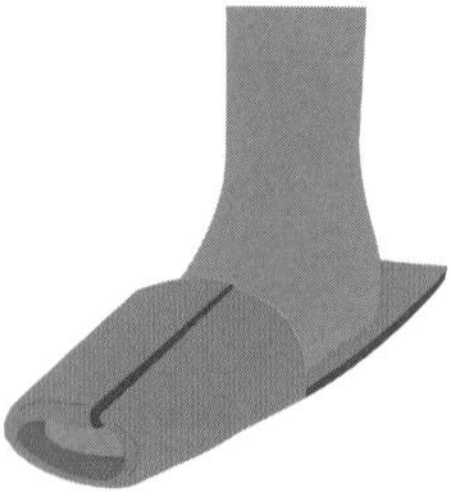

4　はさみ込んだ部分をテープで貼って固定します。

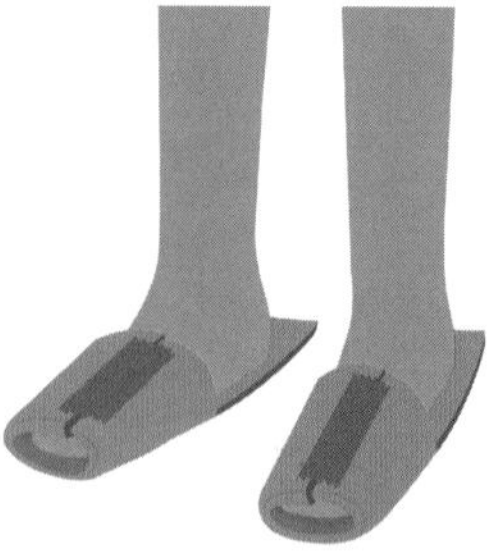

ベビーチェアがないときは

エプロンをベビーチェア代わりに

　ベビーチェアがないときは、エプロンで代用できます。ここでは、首にかけるタイプの胸あてエプロンでのやり方を紹介します。たすきがけタイプのエプロンでも可能です。

やり方

1　エプロンの胸あて部分を前にしてイスの背にかけます。

2　子どもをイスに座らせます。エプロンの首にかけるひもを足の間から通し、おなかあたりまで引き上げたら、腰ひもをくぐらせてイスの背の後ろで結びます。ひもが子どもの首にかからないように要注意！

抱っこひもがないときは

Gジャンが抱っこひもに変身!

子どもの抱っこひもは、Gジャンで代用が可能です。背中にボタンがあたって子どもが痛がるときは、タオルなどを1枚はさむといいでしょう。

やり方

1　片方の袖のボタン穴にもう片方の袖のボタンを留め、袖が輪になるようにします。

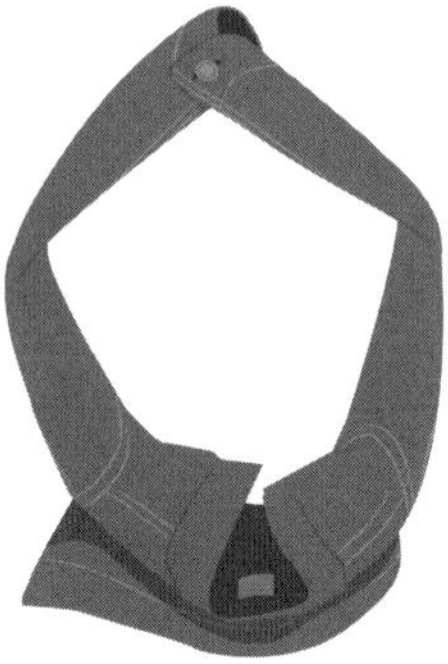

2　輪を首にかけます。このとき、Gジャンのフロントボタンが体側に向くようにします。

3 　左右の前身頃を開いて背中側に引っ張り、一番下のボタンを背中で留めます。Gジャンを前や左右に引っ張り、ボタンがしっかり留まっていることを確認します。

4 　子どもを正面（顔が見える向き）で抱きます。

子どもやお年寄りのおむつが足りなくなったら

レジ袋で簡易おむつを作る

子どもやお年寄りのおむつが足りなくなったら、大きめのレジ袋と布で簡易おむつを作りましょう。汚れていなければ、レジ袋は数回使えます。

作り方

1 大きめのレジ袋を用意し、両側面と持ち手のつながっている部分を切って開きます。その上に、清潔な布(タオルやさらし、ハンカチなど)を敷きます。

2 布の上に子どものお尻があたるように寝かせ、腰の部分で持ち手を結びます。余分な部分は折り返しましょう。

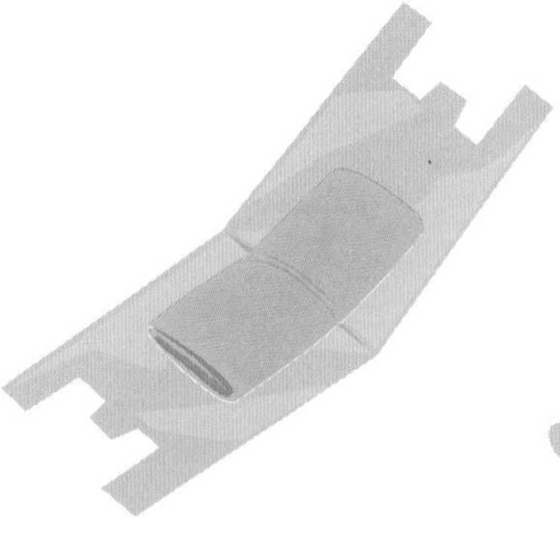

子どものためのレクリエーション

遊びでストレスを発散させよう

避難生活は、子どもにとっても大きなストレスとなります。「こんなときに遊ぶなんて不謹慎かな？」と思わず、適度に遊ばせてストレスを発散させてあげましょう。ここでは、新聞紙を使ったジャンケン遊びを紹介します。

遊び方

1. 新聞紙を広げてその上に立ち、ジャンケンをします。
2. ジャンケンに負けたら、新聞紙を半分に折ります。
3. **1**、**2**をくり返し、新聞紙から落ちたら負けです。

断水中にシャワーを使いたいときは

簡易シャワーを作る

断水しているときにシャワーを使いたくなったら、ペットボトルやレジ袋を使って簡易シャワーを作りましょう。ペットボトルシャワーは手を洗うときにも使え、さらに水を節約できます。

ペットボトルシャワーの作り方

ペットボトルのキャップに画びょうなどで穴を開けます。ペットボトルにお湯または水を入れ、キャップを閉め側面を押します。

レジ袋シャワーの作り方

レジ袋にお湯または水を入れて高いところにかけ、底に竹串などで穴を開けます。

髪を洗えないときは

ベビーパウダーでシャンプーする

避難生活中はなかなか洗髪《せんぱつ》ができないため、市販のドライシャンプー剤を準備しておくと便利です。また、ベビーパウダーでも代用できます。ベビーパウダーの容器のふたに画びょうやハサミの先端などで数か所穴を開け、髪に振りかけたら、粉っぽさがなくなるまでブラシでとかしましょう。べたつきや頭皮のにおいが軽減します。

毛布やタオルを一瞬でたたむ方法

大きな毛布もパッとたためる

避難生活中はスペースが限られているため、できるだけ整理整頓を心がけたいもの。毛布やタオル類、ビニールシートなどを一瞬でたたむ方法を覚えておくと便利です。

たたみ方

1 毛布の中央（**A**）を右手で、左はしの長さ1/2あたり（**B**）を左手でつまみます。

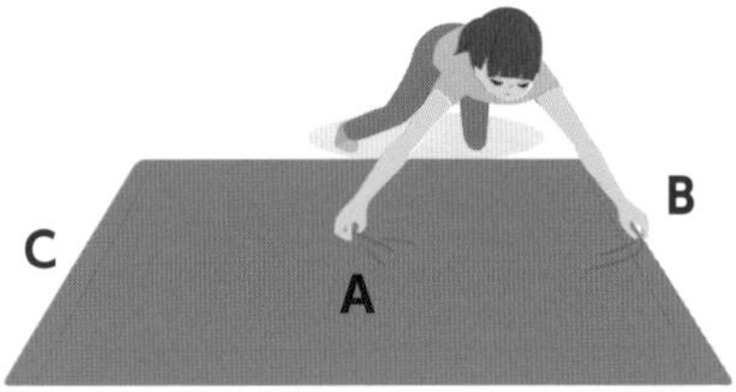

2 右手は**1**の状態のままにします。左手は毛布をつかんだまま右はしへと動かし、長さ1/2あたり（**C**）をつかみます。

3 毛布をつかんだまま右手を右方向に動かし、毛布を軽く振り形を整えます。

性暴力から身を守るために

服装に気をつけよう

　避難所は被災者が助け合って生活をする場ですが、残念ながら性暴力が起きることがあります。女性の方は可能な限り、女性であることがわからない格好を心がけてください。髪が長い方は帽子にしまい、服は男もの、またはユニセックスなデザインで地味な色のものを選びましょう。

生理用品がないときは

布ナプキンを作る

避難生活をしている際に生理用品が足りなくなったら、布ナプキンを作りましょう。ハンカチやペーパー類はできるだけ清潔なものを用意してください。

作り方

ハンカチを広げてひし形になるように置きます。ティッシュペーパーやキッチンペーパーを下着の幅に合わせて折り、ハンカチの真ん中に置いたら、左右の角を折ります。

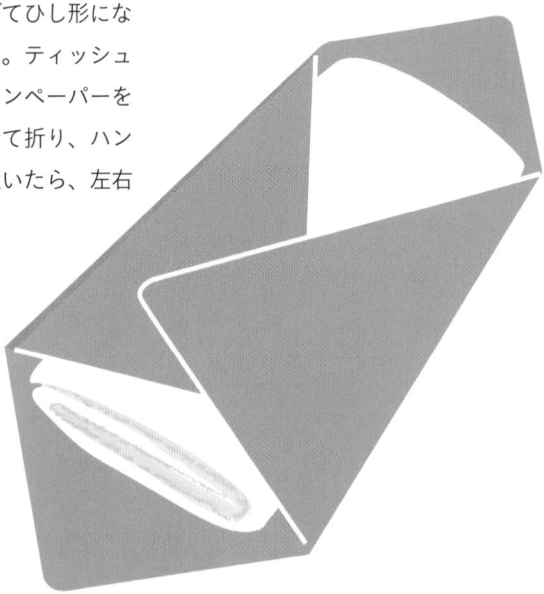

パッと見!

防災ブック

もしものときの救命にそなえる

おぼれている人を見つけたら

ロープや浮力のあるものを投げる

海や川、池でおぼれている人を見かけたら、まずは浮いて待つよう呼びかけます。そして、**118番（海上保安庁）、119番（消防・救急）、110番（警察）のいずれかにすぐ連絡を**。浮いて待つのが困難な場合は、つかまるもの（棒や釣りざお、ロープなど）を差し伸べるか、浮力を得られるもの（救命浮き輪やペットボトル、クーラーボックスなど）を投げ入れます。

注意 ペットボトルやクーラーボックスはおぼれている人にぶつからないよう気をつけて投げてください。

数人で手首を握り合って救助

おぼれている人が岸から近く、救助者が複数いる場合は、「ヒューマンチェーン」で助ける方法もあります。救助者が手首を握り合って並び、陸とおぼれている人をつなぐ方法です。最後尾の人は、岸近くのできるだけ太い樹木につかまり、さらに、樹木と救助者の腰をロープでつなぐとより安全です。

注意 最後尾の救助者には体重の重い人、おぼれている人に近い救助者には体重が軽い人を配置し、２次被害に十分注意してください。

倒れている人を見つけたら ①

心肺蘇生法を試みる

災害時は救急隊の到着に時間がかかることがあります。倒れている人を見かけたら、**呼吸を確かめ心肺《しんぱい》蘇《そ》生《せい》法を試みましょう**。

心肺蘇生法

1 肩を軽くたたきながら、「わかりますか？」などと声をかけます。反応がなかった場合や判断に迷う場合は、大声で周囲に助けを求め、119番への通報とAEDの搬送を依頼しましょう。

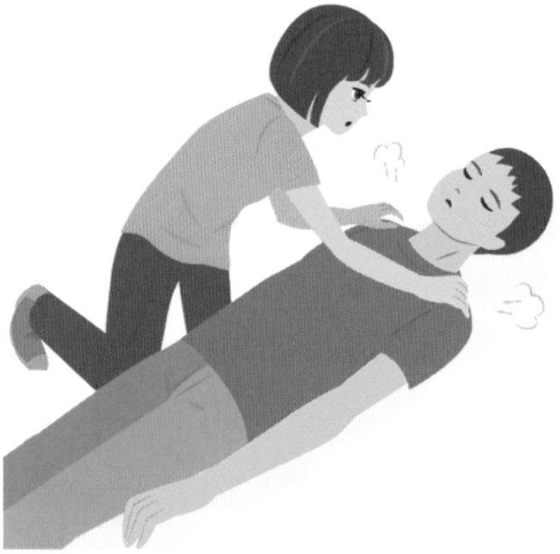

2 倒れている人の胸とおなかの動きを見て、「普段どおりの呼吸」をしているかを、10秒以内で確認します。

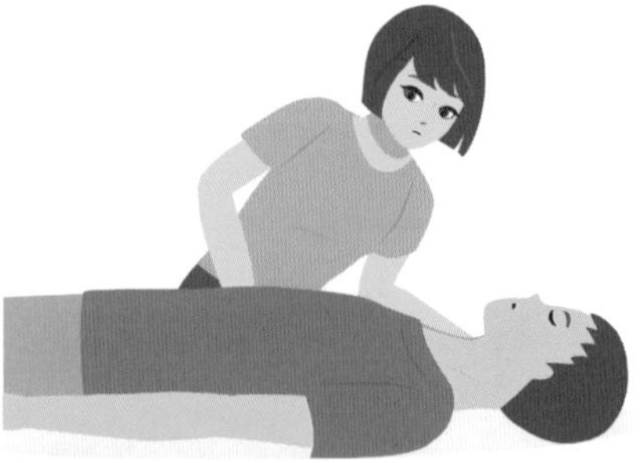

3 「普段どおりの呼吸」がない、または判断に迷った場合は、胸の中央に両手を重ね、30回圧迫します。これを胸骨圧迫といいます。**4**の人工呼吸ができない場合は、胸骨圧迫をくり返します。

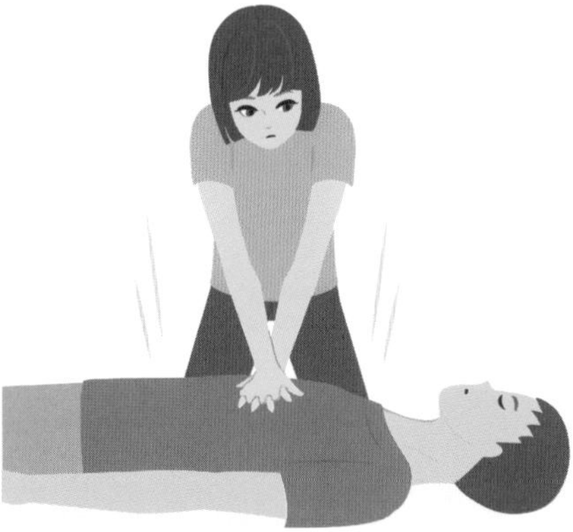

4 人工呼吸の経験と技術があり、なおかつ、人工呼吸をする意思があれば、胸骨圧迫の後、人工呼吸を2回行います。人工呼吸は、約1秒かけて胸が膨らむ程度の量を吹き込みます。**3**、**4**をくり返します。

注意! **人工呼吸の際は、人工呼吸用マウスピースなどを使用したほうがより安全です。**

➡AEDの使い方は138～139ページへ

倒れている人を見つけたら②

AEDによる蘇生を試みる

倒れている人を見かけたら、136～137ページを参照して心肺蘇生法を行います。また、近くにAEDがあれば下記の手順にしたがってAEDによる蘇生を試みてください。

AEDの使い方

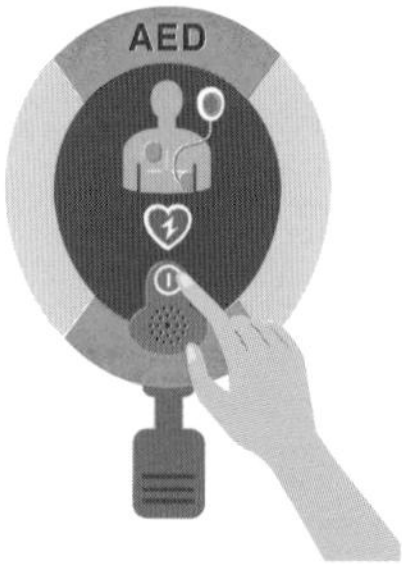

1 AEDが到着したら、電源を入れます。ふたを開けると自動的に電源が入る機種もあります。

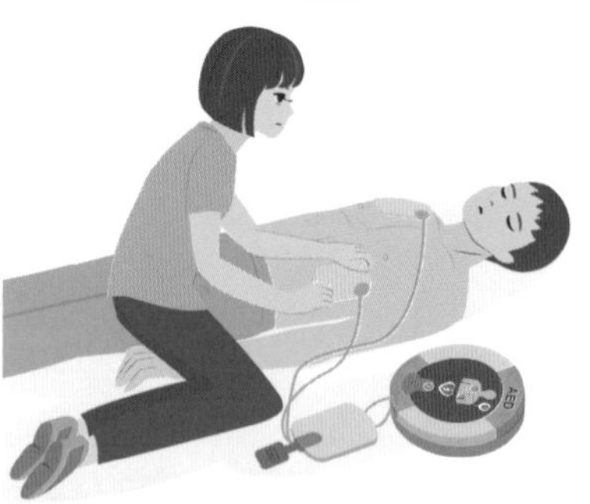

2 電極パッドを胸に貼ります。体が汗などでぬれていたら、ハンカチやタオルなどで拭き取ってください。

NOMURA'S ADVICE **電極パッドは心臓をはさむように貼ります。胸の脇だけでなく、胸と背中に貼りつけてもかまいません。**

3　電気ショックが必要かどうか、AEDが判断します。AEDが心電図を解析している間は、倒れている人にふれないようにしてください。

4　AEDが電気ショックを必要と判断し、音声ガイダンスが流れたら、倒れている人に誰もふれていないことを確認します。そして、「ショックボタンを押してください」等のガイダンスにしたがい、ショックボタンを押します。

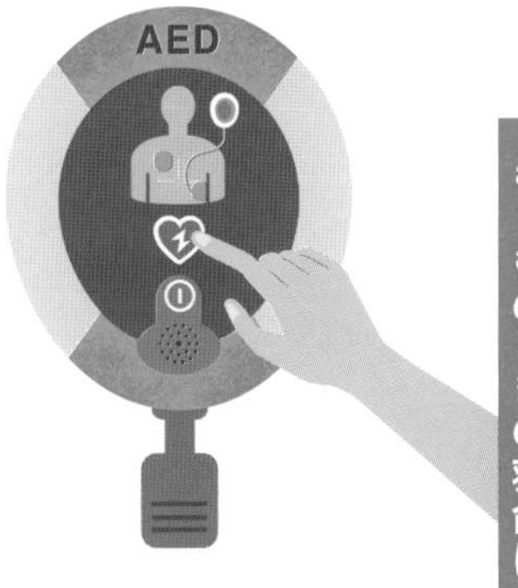

NOMURA'S ADVICE

電気ショックが行われたら、その後は音声ガイダンスにしたがって胸骨圧迫（➡136～137ページ）を再開します。

！止血の仕方

動脈性出血はすぐに止血を

けがをして大量に出血すると、生命の危険があります。とくに、**真っ赤な血が噴き出すような出血は「動脈性出血」のおそれがあり、すぐに止血が必要です**。出血している部分を直接圧迫する「直接圧迫法」で止血してください。

直接圧迫法のやり方

傷口を完全におおう大きさのガーゼや清潔な布などを用意し、出血している部分にあてます。感染予防のためにゴム手袋やポリ袋などを着用し、布の上から強く圧迫します。

切り傷の応急手当

応急手当で感染・悪化を防ぐ

災害時は、割れたガラスの破片や壊れた家具などで皮膚を切ってしまうことが少なくありません。**放っておくと傷が悪化したり、傷口から細菌に感染したりする可能性がある**ので、応急手当をしましょう。

手当の仕方

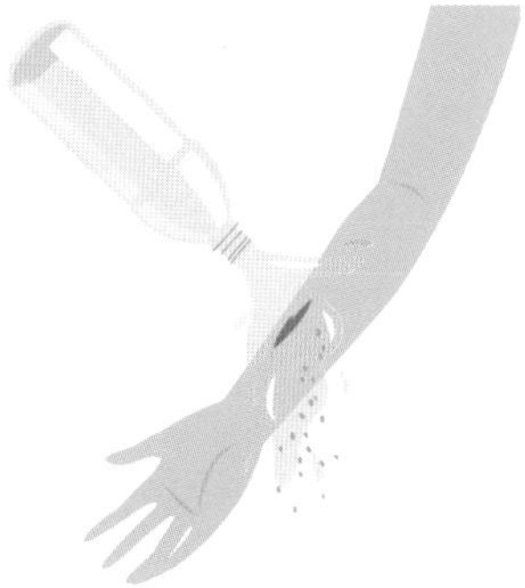

1 傷口が汚れている場合は水できれいに洗い流します。水道が止まっていて使えなければ、ペットボトルの水などを使ってください。

2 出血していたら、ガーゼなどをあてて傷口を保護します。

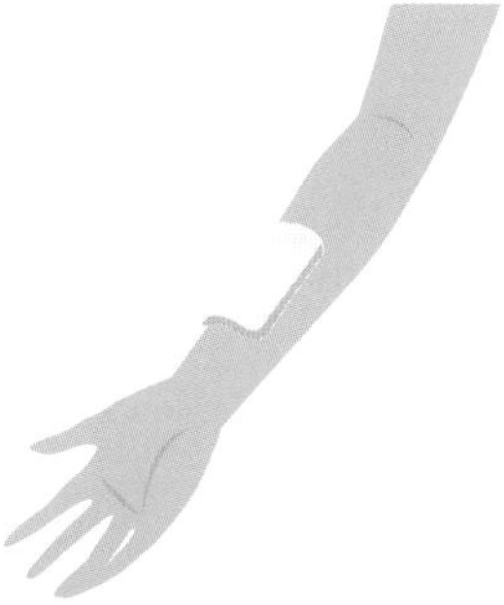

3 傷口部分に包帯を巻きます。

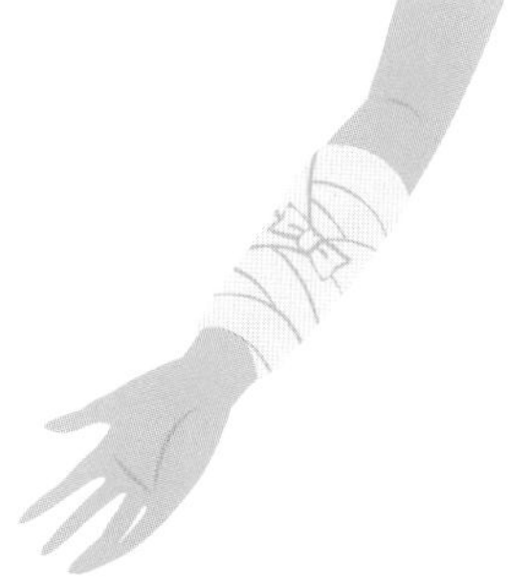

やけどの応急手当

清潔な水でできるだけ早く冷やす

やけどをしてしまったら、清潔な水でできるだけ早く冷やすことが大切です。いざというときのために、やけどの応急手当のやり方を覚えておきましょう。**応急手当後は早めに医療機関を受診してください**。

手当の仕方

できるだけきれいな水（水道水やペットボトルの水など）を傷口に15分以上かけ続けて冷やします。

注意

- 衣類を着ている場合は脱がさずに衣類の上から水をかけます。
- 感染症を起こすリスクがあるので、水ぶくれを破らないよう注意してください。
- 傷口には、医薬品やアロエなどは塗らないでください。感染症やその後の治療のさまたげになるリスクがあります。

! 下敷きになっている人を見つけたら

1時間以上たっていたら要注意

家具や建物などの下敷きになっている人を見つけたら、1人で対処しようとせず、まわりの人に協力を求めてください。また、**下敷きになってから1時間以上たっているようであれば、クラッシュシンドロームのおそれがあります**。119番に通報して救急隊にまかせましょう。

NOMURA'S ADVICE

クラッシュシンドロームとは、がれきなどの重いものに長時間はさまれた人が、その後圧迫から急に解放されたときに、滞っていた血流によりショックや腎不全などを起こすこと。死亡するおそれもあります。

1人でできる けが人の搬送方法

けが人を毛布ごと引いて運ぶ

「けがをした人や具合の悪い人を運びたいけれど、協力者がいない」というとき、**毛布を使うと女性1人でも運ぶことができます**。

やり方

1 広げた毛布の対角線上に、負傷者を寝かせます。

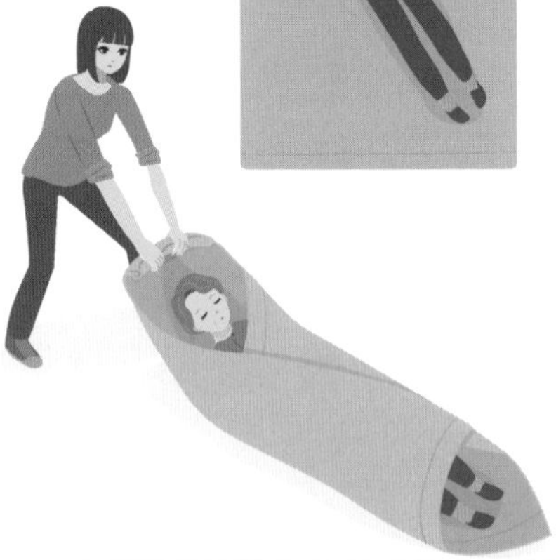

2 毛布の左右の角を負傷者にかけます。負傷者の頭上部分の毛布を丸めて握り、毛布ごと引いて運びます。毛布を丸めて握ることで、力を入れやすくなります。

注意 **負傷者が骨折している場合、内臓を損傷している可能性がある場合、意識障害がある場合は、搬送せず安静にして救助を待ちます。**

2人で行う けが人の搬送方法

イスに座らせて運ぶ

負傷者のけがや病気の具合によっては、座ったまま搬送したほうがいい場合もあります。ここでは、イスを使った搬送方法を紹介します。なお、**この方法は救助者が2人必要です**。

やり方

1 負傷者をイスに座らせます。お互いの腕をクロスさせてイスの後ろの脚を握ります。

2 座面の前部分をしっかりつかみます。イスを後ろに軽く倒して持ち上げ、運びます。

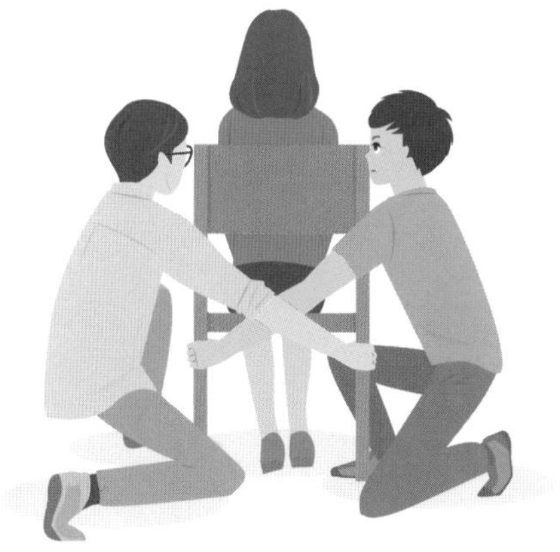

2人以上で行う けが人の搬送方法

毛布を使った搬送方法

負傷者を搬送する担架がない場合は毛布で代用できます。毛布の両はしを丸めるのは持ちやすくするためです。なお、**この方法は小さな子どもを運ぶ場合は救助者が2人以上、成人を運ぶ場合は4人以上必要です**。

やり方

1 負傷者をあお向けにし、肩を痛めないように右腕を上げます。負傷者の体の左側に半分丸めた毛布を置きます。

2 負傷者の体の右側を下にします。毛布を丸めた部分が背中にあたるように置きます。

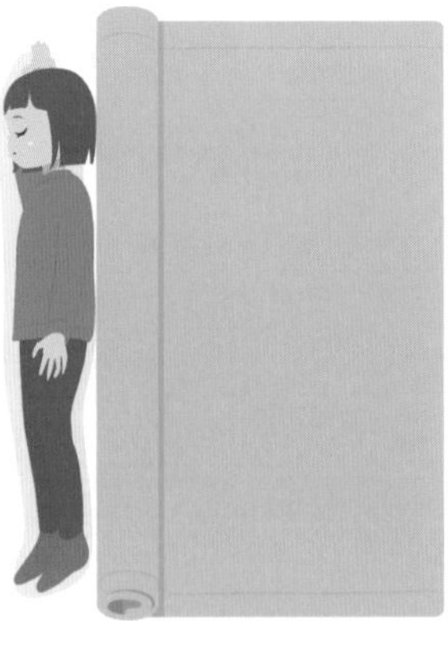

3 負傷者の左腕を上げ、体を左向きに倒して毛布の丸めた部分を乗り越えさせます。右腕を下ろし毛布を広げ、負傷者をあお向けにし、左腕も下ろします。

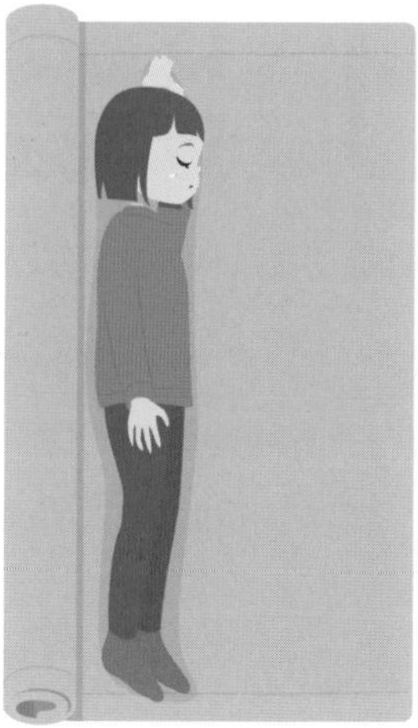

4 毛布の左右のはしを丸めます。救助者それぞれが毛布の左右に立ち、丸めた部分を握ります。そのまま持ち上げて運びます。

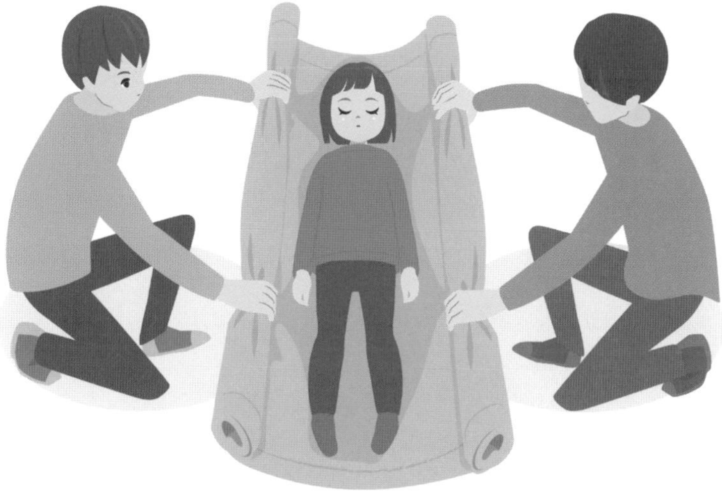

注意！ 進行方向が見えないと負傷者が不安を覚えるため、負傷者の足を進行方向に向けて運びます。

はがれにくい
ばんそうこうの貼り方

切り込みを入れ交差させる

指はひんぱんに動かすため、ばんそうこうを貼ってもすぐにはがれてしまいます。粘着部分に切り込みを入れ、交差するように貼るとはがれにくくなります。

貼り方

1 ばんそうこうの左右の粘着部分にハサミで切り込みを入れます。傷口にガーゼがあたるようにして貼ります。

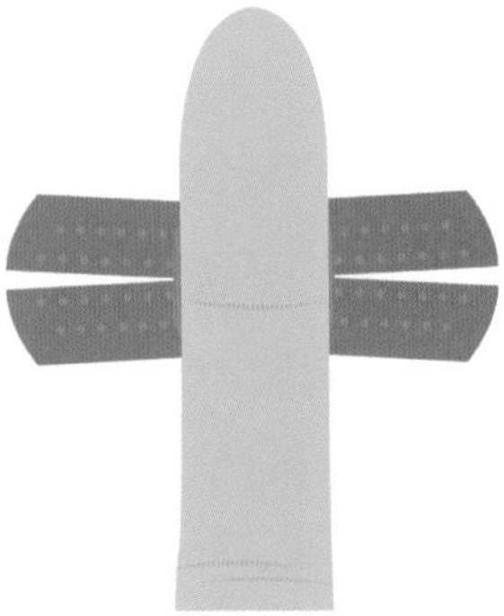

2 切り込みを入れた部分を交差するように貼ります。

レジ袋を使った骨折の応急手当

レジ袋を三角巾にする

腕を骨折またはねんざしたら、その部位を固定することが大切です。三角巾などで腕をつるのが一般的ですが、なければ大きめのレジ袋で代用できます。

やり方

1　大きめのレジ袋を用意します。両側面をハサミで切り、持ち手と底の部分だけがつながっている状態にします。

2　レジ袋の底の部分に骨折したほうの腕を入れ、レジ袋の持ち手を首にかけます。

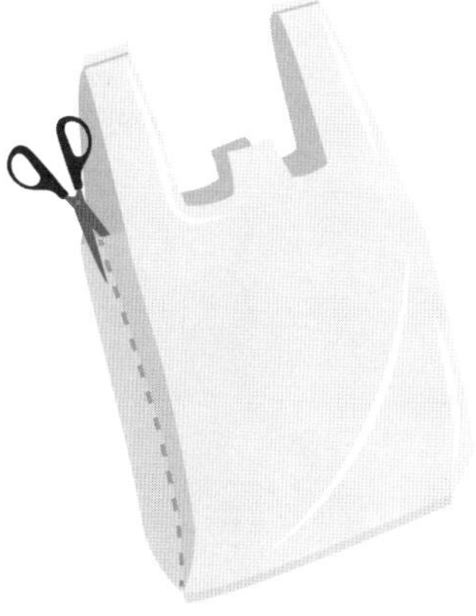

Tシャツを使った骨折の応急手当

長袖Tシャツを三角巾にする

骨折した腕をつる三角巾がない場合は、長袖のTシャツでも代用できます。いざというときのために覚えておきましょう。

やり方

1　長袖のTシャツを用意します。袖を固結びにします。

2　Tシャツのすそを結んでこぶにします。

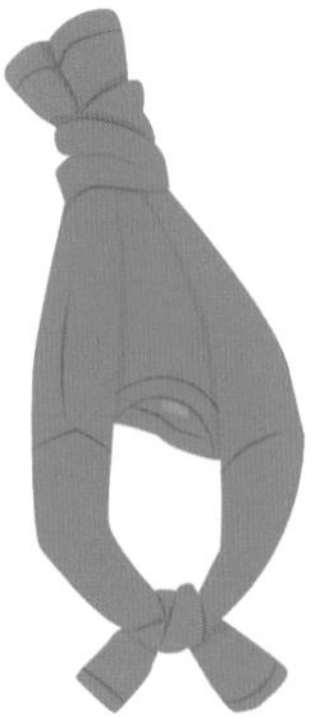

3　袖を結んで輪になった部分を首にかけ、腕を通します。このとき、2で結んだこぶの部分がひじにあたるようにします。

骨折部分を固定するそえ木がなかったら

新聞紙やラップ、カサで固定する

太ももや足、腕などを骨折またはねんざしてしまった場合は、そえ木をして固定しましょう。そえ木がない場合は、新聞紙や食品用ラップ、カサなどで代用します。

新聞とラップで固定する

骨折またはねんざをした部分に折りたたんだ新聞紙をそえ、食品用ラップを巻いて固定します。

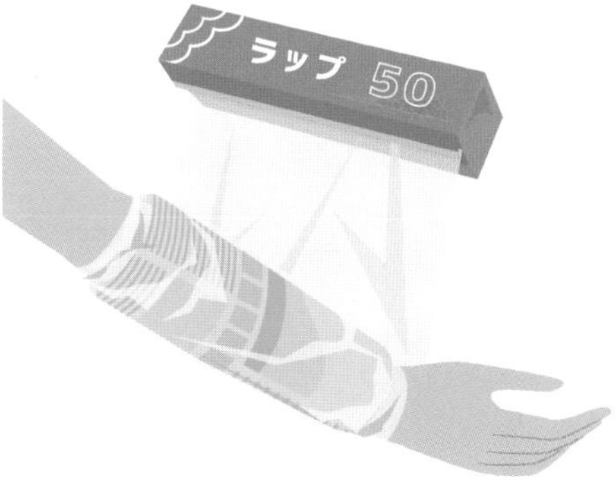

カサで固定する

足を固定する場合はカサが便利です。カサをそえて、ハンカチなどで結んで固定します。

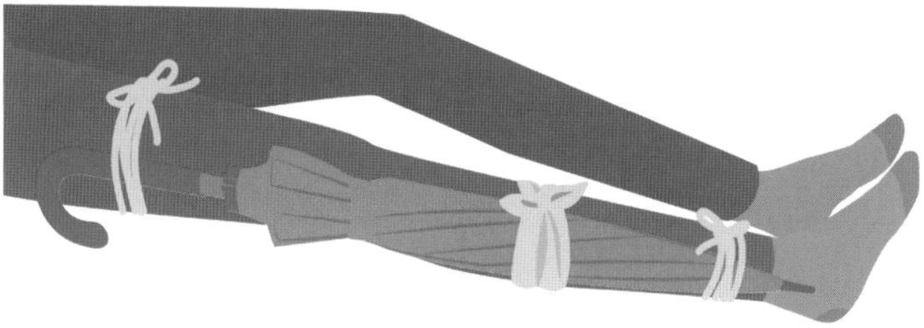

包帯がなかったら

ストッキングを包帯代わりに使う

　包帯がなかったら、ストッキングやタイツで代用できます。ここでは、頭にけがをした場合のストッキングの巻き方を紹介します。

やり方

1　傷口にガーゼをあて、その上からストッキングの股の部分をかぶせ、足の部分を後ろに。

2　足の部分を後ろで交差して前へまわし、しばって固定します。

NOMURA'S ADVICE　ハンカチや手ぬぐい、ネクタイ、食品用ラップなども包帯の代わりに使えます。ただし、清潔なものに限ります。

熱中症の応急手当

水風呂で体を冷やす

温度や湿度が高い環境にいると、熱中症になることがあります。熱中症の応急手当として効果的なのは、全身を水風呂（冷水）に浸《つ》けること。**ライフラインが止まっている場合は、涼しい場所や日陰のある場所へ移動させて**衣服をゆるめ、うちわなどで風を送り、体を冷やしてください。

注意　熱中症の人を水風呂に浸ける際はできるだけ2人で対応を。1人は、熱中症の人の体にタオルを巻きつけ、おぼれないように背後または横から支えます。もう1人は患者の表情や呼吸などを観察します。

効果的なSOSの仕方

確実に見つけてもらうために

災害時に救助を求める場合のポイントは、①救助隊などに早く、確実に見つけてもらう、②体力を消耗しない方法を選ぶ、の2点です。ここでは2つの方法を紹介します。

たき木を三角形に配置する

たき木（発煙筒でも可）を1m以上あけて三角形に配置し、火をつけます。これは、国際救助信号の1つ。3か所同時に煙が立ち上るようにすれば、単なるたき火と間違えられずにすみます。

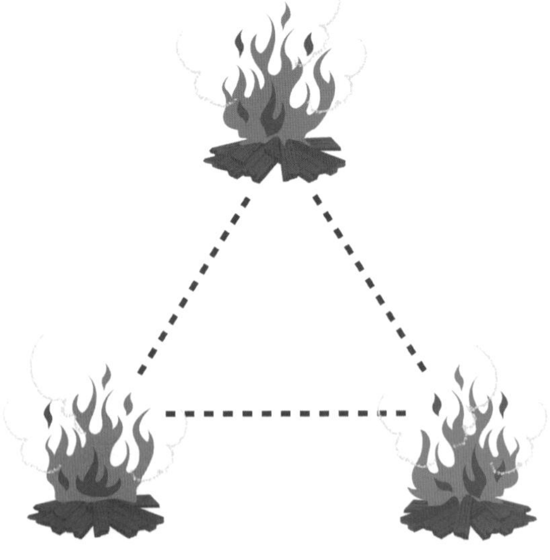

鏡で太陽光を反射する

水害などで避難が遅れ、捜索者に居場所を知らせたいときや、救助のヘリコプターに居場所を教えたいときは、鏡やCD・DVDで太陽光を反射しましょう。反射光は遠くまで届くうえ、体力の消耗も防げます。

さらに、手で鏡をおおったり、手をどけたりして光が点滅するようにすると、ガラスの破片に光が反射しているだけだと間違われずにすみます。

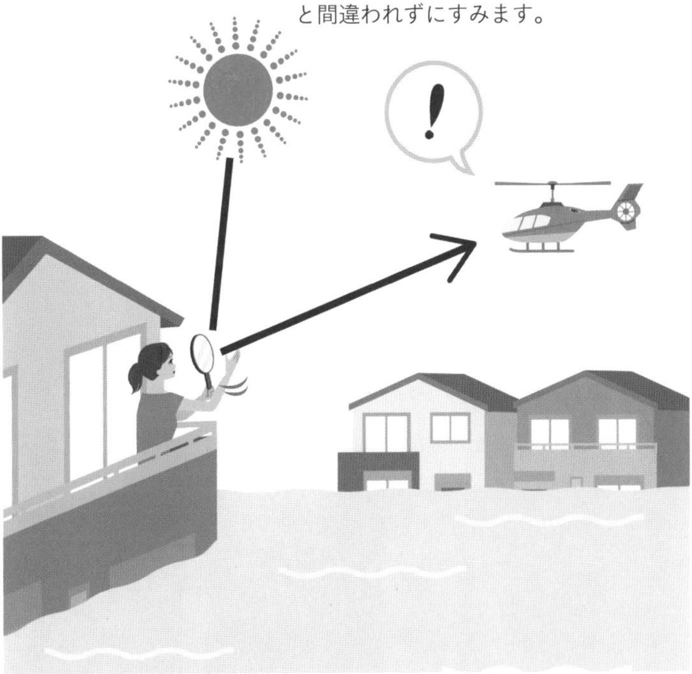

NOMURA'S ADVICE

たき木を三角形に配置する方法や、鏡で太陽光を反射する方法は、山で遭難したときにも使えます。ほかに、地面などに大きく「SOS」と書く方法もあります。

携帯端末で救助要請《iPhoneの場合》

「緊急SOS」を使う

iPhoneの携帯端末には、緊急時にすばやく助けを求められる「緊急SOS」機能があらかじめ搭載されています。使い方を覚えておきましょう。カウントダウンで警告音が鳴る設定にしておくと、痴漢や不審者撃退にも有効です。

使い方（iPhone 8 以降）

サイドボタンといずれかの音量ボタンを同時に長押しします。画面中央に「**緊急SOS**」が表示されたら、スワイプします。**通報先を選んでタップし発信**してください。

※iPhone 7以前の端末は、サイドボタン（または上部のボタン）をすばやく5回押すと「緊急SOS」が表示されます。緊急以外での使用は絶対に行わないでください。

携帯端末で救助要請《Androidの場合》

「緊急通報」機能を使う

Androidの携帯端末にも、基本的に「緊急通報」機能が搭載されています。ただし、機種ごとに若干機能は異なります。また、独自のSOS機能が搭載されていることもありますので、あらかじめ確認しておきましょう。

使い方

ロック画面から「**緊急通報**」を選択します。**テンキーをタップ**して110番、119番などに通報します。

防災家・プロの装備

私が被災地で活動する際、実際に装備しているアイテムを紹介します。救命の現場ではこれらの装備が必要になりますが、一般家庭では**50〜51ページの「備蓄品リスト」**や**52〜53ページの「非常用持ち出し袋リスト」**を参考にそなえておきましょう。

1. **ヘルメット**（ゴーグルつき）
2. **ベスト**
3. **ヘッドライト**（強力LED）
4. **クリアメガネ**（シューティングサングラス）
5. **携帯ハサミ**
6. **ドライバーセット**
7. **カラビナ型マルチツールバー2種**（カラビナ、安全装置つき）
8. **手動発電機能つき携帯ラジオ**
9. **車両専用二酸化炭素消火具**（シートベルトカッター&ガラス破砕先端部つき）
10. **簡易消火器カバー**（携帯用ベルトつき）
11. **多機能サバイバルブレスレット**（コンパス/ホイッスル/ファイヤースターター/スクレーパーつき）
12. **ブーツ**（保護板つき）

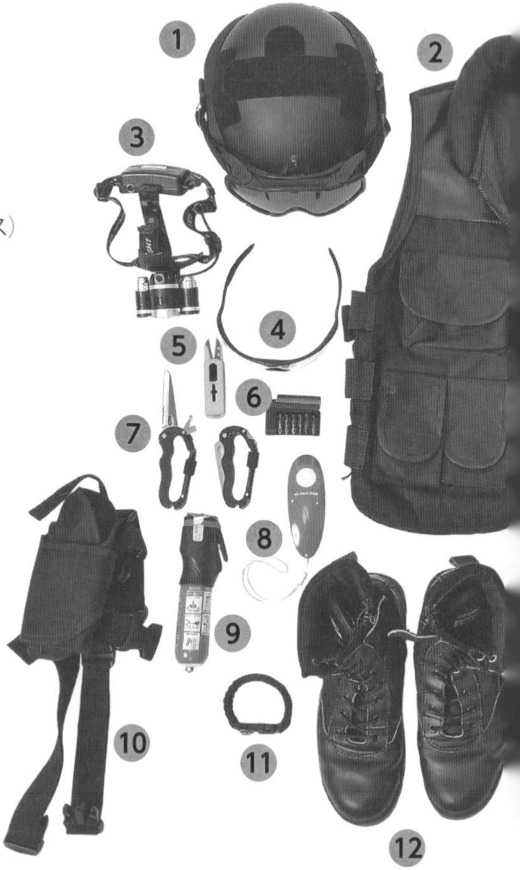

⑬ **無線機**（スマホに接続可）

⑭ **パルスオキシメーター**
（血中酸素濃度測定・脈拍測定）

⑮ **タクティカルペン**
自衛多機能安全タングステンペン
ガラスブレーカー緊急防衛ペン
（ボールペン・ガラス破砕先端部つき）

⑯ **電子コンパス**
（高度計・気圧計・デジタルコンパス・時刻表示・天気予測機能・温度計・湿度計、防水性能）

⑰ **薄型LEDライト**
（胸ポケットや帽子のひさしに取りつけ可）

⑱ **マルチツール**
折りたたみナイフ
（多機能折りたたみ工具つき）

⑲ **単眼鏡**

⑳ **E.M.Tサポートブック**
（救命処置、観察を手助けするミニ本）

㉑ **グローブ**

㉒ **強力ライト**
（SOSシグナルつき）

㉓ **レッグポーチ**
（応急手当資機材収納）

㉔ **救急医療用ハサミ**

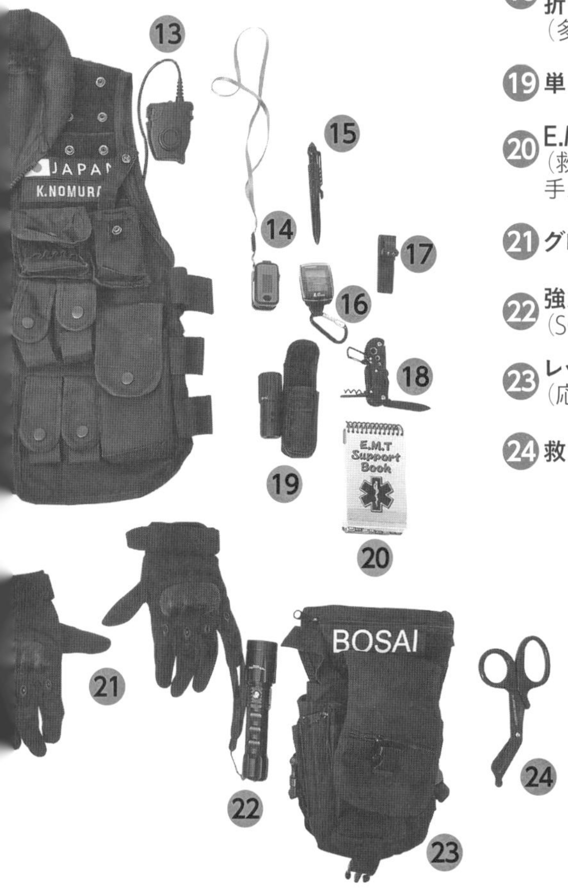

ほかに、救助ロープ、ライフジャケット、防火服、水難救助セット、フルハーネス（安全帯）など。

野村功次郎（のむら こうじろう）
1970年4月18日生まれ。広島県呉市出身。元消防隊員・レスキュー隊員・救急隊員。危機管理アドバイザー、防災スペシャリスト。1991年広島県呉市消防局入局、阪神・淡路大震災、新潟中越地震、東日本大震災を体験。2007年硫化水素事故現場にて、自らも被災し殉職しかけた経験から、組織やマニュアルに縛られる行政から、即戦力となる災害救助率先者を目指す。
2013年防災家・災害救助率先者・危機管理アドバイザーとして東京にて活動。
救命体験、災害・事故からの社会復帰や社会福祉に繋がる講演、イベントを行う。災害現場のリアルな話にエピソードを織り交ぜ、防災講演、救急講習、消防団への訓練指導等、幅広く活動。医療機器メーカーのAEDアドバイザー、老人福祉施設、避難所のコーディネート、災害に応じた対応方法や入居者の配置、救命処置、行政の消防計画や地域防災計画にないその地域の地形、風土、風習等、環境・スタッフ等状況に応じた総合防災コーディネートを実施。
防災スペシャリストとして、日本テレビ系列『世界一受けたい授業』出演、再現ドラマのスーパーバイザーとして『THE突破ファイル』監修。

参考文献『東京防災』（東京都）

※本書の内容は2021年1月時点の情報に基づいています。本書は防災、災害対応などのヒントとしてお伝えしております。本書の情報によって生じたいかなる損害についても一切責任を負いかねますので、実際の災害などにおいては自己責任としてお願いいたします。

家族を守るための準備と生存率を上げる豆知識！

パッと見! 防災ブック

2021年2月22日　初版発行

著　者　野村功次郎
発行者　鈴木伸也
発行所　株式会社大泉書店
住　所　〒101-0048
東京都千代田区神田司町2-9
セントラル千代田4F
電　話　03-5577-4290（代）
F A X　03-5577-4296
振　替　00140-7-1742
印刷・製本　ラン印刷社

STAFF
装　丁　藤井康正
撮　影　樋渡 創［株式会社クロスボート］
イラスト　NICO
D T P　Fujii Graphics
校　正　株式会社麦秋アートセンター
企画・編集　伊藤 剛［株式会社エディ］
小川裕子

©Kojiro Nomura ©Oizumishoten 2021　Printed in Japan
ISBN 978-4-278-03326-7 C0077

落丁、乱丁本は小社にてお取替えいたします。
本書の内容についてのご質問は、ハガキまたはFAXにてお願いいたします。

本書を無断で複製（コピー・スキャン・デジタル化等）することは、著作権法上認められた場合を除き、禁じられています。
小社は、複写に係る権利の管理につき委託を受けていますので、複写をされる場合は、必ず小社にご連絡ください。